강직함, 의연함, 소박함, 과묵함은
인에 가깝다.
공자

바뀔 수 없는 것은 가장 현명하고
가장 어리석은 이들 뿐이다.

공자

상처는 잊어라.
은혜는 결코 잊지 말라.
공자

덕으로 정치를 하는 것은 북극성은
제자리에 있고 모든 별이 그 주위를 도는 것과 같다.

공자

给青少年讲论语 : 乐在学习 BY 樊登

Copyright © 2022 by 北京磨铁文化集团股份有限公司All rights reserved.

Korean Translation Copyright © 2023 by Davincihouse

Korean edition is published by arrangement with 北京磨铁文化集团股份有限公司

through EntersKorea Co.,Ltd.

어른이 되기 전에
꼭 한 번은 논어를 읽어라②

어른이 되기 전에
꼭 한 번은 논어를 읽어라 ②

펴낸날 2023년 4월 10일 1판 1쇄

지은이_판덩
옮긴이_하은지
펴낸이_김영선
편집주간_이교숙
교정교열_정아영, 나지원, 남은영, 이라야, 김온
경영지원_최은정
디자인_바이텍스트
마케팅_신용천

펴낸곳 (주)다빈치하우스-미디어숲
주소 경기도 고양시 일산서구 고양대로632번길 60, 207호
전화 (02) 323-7234
팩스 (02) 323-0253
홈페이지 www.mfbook.co.kr
이메일 dhhard@naver.com (원고투고)
출판등록번호 제 2-2767호

값 16,800원
ISBN 979-11-5874-185-3 (43100)

청소년을 위한 논어

어른이 되기 전에

꼭 한 번은 논어를 읽어라 ②

판덩 지음
하은지 옮김

미디어숲

귀여운 꼰대,
공자와 친해져야 할 이유

"엄마 잔소리도 듣기 싫은데 2500년 전 꼰대 이야기를 왜 들어야 하나요?"

사람들은 '공자' 하면 제일 먼저 근엄한 이미지를 떠올립니다. 그러고는 생각하지요. '이미 여기저기서 잔소리해대는 사람이 널렸는데 뭐 하러 수천 년 전 '꼰대'의 고리타분한 말까지 들어?'라고 하거나, 심지어 누군가는 일부러 신격화한 '가상의 인물 아니야?'라는 의심도 합니다. 그런데 공자의 제자들이 기록한 『논어』를 읽고 나면 그가 얼마나 귀여운 '노인네'였는지, 얼마나 똑똑한 인물이었는지 새삼 깨닫게 됩니다. 그리고 그를 따랐던 제자들의 생생한 검증을 읽노라면 지극히 인간적이고 '귀여운 인물'임을 알게 됩니다.

그렇습니다. 공자는 지혜로우면서도 유머러스하고 다정한 사람이었습니다. 그는 꽉 막힌 '꼰대'가 아니라 상황에 따라 변화무쌍하게 대응할 수 있는 융통성 있는 사람이었습니다.

공자가 얼마나 매력적인 인물인지 한번 살펴볼까요?

그는 아무거나 닥치는 대로 음식을 탐하는 사람이 아니었어요. 먹는 것을 진심으로 좋아했지만 다소 까다로운 면이 있어서 '플레이팅'이 보기 싫으면 입에 대지도 않았습니다. 식감에도 매우 예민했지요. 그는 생활의 정취를 중요하게 여긴 사람으로 우아하고 격식 있는 삶을 추구했으며 독서를 사랑했습니다. 심지어 석 달 동안 식음을 전폐할 정도로 음악에 빠져든 적도 있습니다. 술을 좋아하긴 하지만 과음을 한 적은 단 한 번도 없었습니다. 군왕을 진심으로 존경하고 그에 대한 말을 삼가고 예를 다했습니다. 가난한 백성들을 보면 진심으로 동정했고 제자들을 교육할 때는 개인의 특성에 따라 다르게 가르쳤습니다. 친한 친구에게는 친절하고 다정하게 대해 주었어요. 그는 학식과 식견이 뛰어난 선생님이자 세상 이치와 사람의 마음을 잘 이해하는 어른이었고 선량하고 푸근한 친구였답니다.

자, 이런 인물을 그를 둘러싼 제자들이나 군왕들이 어떻게 좋아하지 않고 사랑하지 않을 수 있을까요?

현재의 고민과 고뇌에 대한 해답은 이미 공자의 머릿속에 있었다

그렇다고 공자를 우상화할 필요는 없어요. 그를 굳이 성인 취급하지 않아도 됩니다. 그 자신도 스스로를 성인이라고 말하지 않았습니다. 그러나 저는 공자의 진면모를 제대로 알기 위해 여러분이『논어』를 한 번쯤 다시 읽어봐야 한다고 생각합니다.

하루에도 열두 번씩 감정이 파도치듯 넘나드는 질풍노도의 청소년 시기에 특히『논어』는 특효의 처방전 같습니다.

『논어』에는 우리가 고민하는 모든 문제에 대한 적재적소의 대답이 들어 있기 때문입니다. 급속도로 고민이 많아지는 시기에 이런 문제에 대한 답은 친구도, 부모도, 선생님도 알려주기 힘듭니다. 그럴 때야말로 『논어』가 최고의 동반자가 되어주는 것이지요. 『논어』를 모르고 공자를 만나지 못한다면 '내가 어떤 성격의 사람인지, 다른 사람들은 어떤 생각을 하며 사는지, 이 세상은 어떻게 돌아가는지' 잘 이해하지 못할 수 있습니다.

저 역시 중·고등학교 시절 여러분과 같은 고민을 했습니다. 성적은 제게 우주보다 더 큰 존재였습니다. 인생에서 가장 중요한 것이라고 해도 과언이 아니었지요. 그런데 대학을 졸업하고 사회에 들어가고 나면 여러분의 학교 성적에 관심 있는 사람이 거의 없다는 걸 알게 될 겁니다. 이 세상에서 한 개인이 인생을 살면서 어떤 성과를 거두고, 또 얼마나 멀리 걸어갈 수 있느냐는 그 사람 내면에 얼마나 강한 동기가 있느냐에 따라 결정됩니다.

공자의 시대에는 이런저런 시험이 없었습니다. 하지만 그렇다고 해서 배움을 멈추거나 게으름 피우는 학생들은 없었습니다. 왜냐하면 그들은 강한 책임감과 호기심을 바탕으로 순수하게 지적 욕구를 채워가는 즐거움을 누렸기 때문입니다. 고대의 유학자들은 '하나라도 모르는 것이 있다면 유학자에게는 수치一事不知, 儒者之恥'라고 생각했습니다. 그래서 모르는 게 나오면 재빠르게 그것을 알기 위해 노력했지요. 이는 공부를 하는 사람이 갖춰야 할 기본 소양이자 덕목이기도 했습니다. 그런데도 우리는 여전히 공부를 기피합니다. 지겹기 때문입니다.

공부가 즐겁다는 공자의 말을 믿어도 될까?

공부는 원래 즐거운 겁니다. 우리가 공부를 억지로 하는 이유는 지나친 이익 중심, 실용 중심의 영향이 크기 때문이죠. 공자는 '군자불기君子不器'의 정신을 강조했습니다. 사람은 단순한 기능 하나만 익히지 않도록 해야 한다는 뜻입니다. 우리가 공부하는 목적은 조금 더 완전하고 영혼이 풍부하며 다재다능한 인재로 성장하기 위함입니다. 우리는 세상에 사람다운 사람으로 살기 위해 존재하는 것이지 어떤 한 가지 기능을 담아내기 위한 도구가 되기 위해 존재하는 것이 아닙니다.

어떤 친구들은 독서를 하면서 당장 눈에 보이는 결과를 얻어내고자 합니다. 이 책을 읽고 점수를 올릴 수 있는지, 과제를 잘 할 수 있는지만 생각하는 거죠. 단기적으로 보면 매우 합리적이지만 장기적으로는 얻는 것이 별로 없습니다. 그런 사람은 이 세상이 돌아가는 가장 근본적인 힘은 사랑과 관심에서 기인하며 미지의 사물에 대한 탐색에서 시작한다는 걸 알지 못합니다. 학습과 탐색의 즐거움을 알아가는 것이야말로『논어』의 핵심 정신입니다. 부디 저는 여러분이 이 책을 읽으면서 그 즐거움을 깨달아 알 수 있길 바랍니다.

요즘 사람들이『논어』를 공부하는 방법은 단순합니다. 인터넷에 나온 해석만 몇 개 읽어보고『논어』를 이해했다고 착각하지요. 하지만 그렇게 하는 것은 진귀한 핵심을 놓친 것과 같습니다. 책은 2천 년 전에 만들어졌지만, 이것은 현재 우리의 삶에, 생활에 여전히 가르침을 주고 있습니다.『논어』속의 많은 도리와 진리는 현대 과학 이론을 통해서도 대량으로 검증되었습니다.『논어』공부의 전제는 단순하고 얄팍하게 해석만 보고 이해하는 것이 아닙니다. 교과서에 수록되는 명언 정도로 사용되는 게 아니라 진짜 우리의 삶에, 생활에, 공부에 적용되어야 합니다. 생활에 적용할 수 있는 학문이야말로 '살아있는' 학문입니다. 지금 우리가 살아가는 시대는 매일 변화가 일어납니다. 사람과 사람, 사람과 세상과의 관계는 물론 사람과 기술과의 관계에서도 거대한 변화가 일어났습니다. 그러므로 이 시대에 읽는 『논어』는 모바일 인터넷 시대에 적용 가능한 『논어』입니다.

『논어』는 공부에 관한 책입니다

저는 청소년 독자들이 조금 더 쉽게 읽을 수 있는 『논어』가 있으면 좋겠다고 생각했습니다. 그래서 이번에 이 책을 출간하게 되었습니다.

이 책에는 오로지 청소년들이 가장 관심 있는 주제만 다루었습니다. 크게 공부, 친구 관계, 인격, 그리고 일상생활과 같은 네 부분으로 나눌 수 있습니다. 여러분이 지금 가장 고민하는 문제들에 대해 함께 고민하고자 노력했습니다.

『논어』는 공부에 관한 책입니다. 그리고『논어』의 핵심 취지는 바로 배움에 있습니다. 이 책에서는 크게 세 부분으로 나눠 소개했지만, 당연히『논어』에서 다루는 내용은 비단 공부나 친구 관계, 인격이나 일상에 국한되지는 않습니다. 이것은 공자가 강조했던 '일일관지一以貫之', 한 가지 이치로 모든 일을 꿰뚫어 본다는 진리를 구현하고 있는 것입니다.『논어』는 친구 관계로 일상생활을, 일상의 생활로 사람의 성격을, 개인의 성격과 인격으로 삶을 통찰합니다.

바라기로는 여러분이 이 책을 읽고 감명받은 글귀를 한두 구절 추려내 그것을 좌우명으로 삼거나 책상 앞에 붙여두고 자주 상기하면서 삶에 녹아들도록 했으면 좋겠습니다.

저자 판덩

차례

프롤로그 귀여운 꼰대, 공자와 친해져야 할 이유 · 8

1장 도대체 무엇을 공부해야 할까?

모르는 것에 대한 걱정, 어떻게 해결할까? · 20
도대체 무엇을 공부해야 할까? · 26
좋은 질문이 좋은 생각을 낳는다 · 34
'임곗값'을 넘기 전에 쉽게 포기하지 마라 · 42
공부를 하기 전 반드시 버려야 할 태도, '게으름' · 50
마음만 먹는 사람 vs. 끝까지 해내는 사람 · 54
뜻을 품었다면 공부의 4단계로 진입하라! · 58
효율적인 공부를 위한 최적의 경로 설정 · 63

2장 공부를 '잘 한다는 것'이 무엇일까?

공부는 뒷전, 걱정만 하는 사람 · 72
'그들은 천재'라는 가장 비겁한 변명 · 77
배우지 않으려는 사람들이 겪게 되는 6가지 폐단 · 82
공부를 잘 한다는 것: 새롭게 알게 된 것을 잊지 않도록 하는 것 · 93
넓고도 깊게 파는 'T자형 인재' 되기 · 97
공부의 시작은 연필을 쥐는 것부터다 · 100
공부를 즐기는 사람에게 정해진 스승이란 없다 · 103
내 인생의 유일한 결정권자는 오직 나 자신이다 · 107

3장 공자가 들려주는 톱클래스 전략

멀티형 인재들이 추구하는 공부의 본질 ·114
시경時經, 사람의 마음을 움직이는 언어 ·124
충격으로 더 단단해지는 안티프래질형 인간이 돼라 ·131
아름다운 꿈이 아름다운 사람을 만든다 ·139
배움을 진정으로 좋아하는 사람의 인생은 한계가 없다 ·144
즐거울 수밖에 없는 배움의 3단계 ·151
좋은 사람이 되기 위한 최고의 방법, 공부 ·155

4장 배움을 통해 한 단계 더 성장하라

'인'의 방식으로 세상을 바라보라 ·162
나다운 내가 되기 위한 '진짜 공부' ·172
세상 무의미한 현학적 공부 ·176
늦더라도 무엇이든 배우려는 적극적인 자세를 취하라 ·179
너와 나, 그리고 우리 모두를 위한 공평한 배움 ·184
'시' 안에 담긴 무한지식의 힘 ·189
지나침도 부족함도 없이 평정을 지키는 중도中道의 삶 ·195

『논어』 속의 많은 구절은 여러분이 곱씹어 생각하기만 하면
여러 측면에서 많은 깨달음을 얻을 수 있습니다.
맞고 틀리고는 중요하지 않습니다. 자신에게 도움이 되는
유익한 부분을 골라서 적용하면 그만입니다. 나아가 조금 더 성숙한 생각과
눈으로 나와 다른 사람의 다름을 바라보고 인정하면 됩니다.

1장

도대체
무엇을
공부해야 할까?

모르는 것에 대한 걱정,
어떻게 해결할까?

자왈子曰 "학여불급①學如不及, 유공②실지猶恐失之."

공자가 말하길, "배우기를 항상 모자란 듯이 여기고, 배운 것
을 잃을까 두려워해야 한다."

....

① 급及 : 미치다, 이르다.
② 공恐 : 두려워하다.

하루는 한 학생이 찾아와서 제게 이런 고민을 털어놓았습
니다.

"공부는 하면 할수록 부족한 것 같고 아무리 다른 친구들보

다 먼저, 많이 해도 모자란 것 같아 걱정이에요."

주변에 이런 고민을 하는 친구들이 많을 겁니다. 시대의 성인, 현인이라 불렸던 공자 역시 그랬습니다. 그는 다른 사람보다 훨씬 빨리 많은 것을 깨우쳤지만 그래도 여전히 부족하다고 느꼈습니다. 왜 그럴까요? 벼는 익을수록 고개를 숙이기 때문입니다. 지식이 채워지면 채워질수록 접하게 되는 영역이 넓어지고 그러면서 스스로 잘 모르는, 무지한 부분이 많다는 걸 더 많이 인식하게 되는 겁니다. 우물 안 개구리처럼 단편적인 지식만 접하며 사는 사람은 자신이 다 안다고 착각하며 살아갑니다. 하지만 인지하는 세상이 넓어지면 넓어질수록 자신이 모르는 게 너무 많았다는 걸 발견하게 되지요. 이럴 때 사람은 불안하고 걱정되기 시작합니다. 이러한 종류의 걱정과 긴장을 가리켜 '학여불급學如不及', '배우기를 항상 모자란 듯이 여기게' 되는 겁입니다. '학여불급'의 상태는 공자만 걱정했던 것이 아닙니다. 미국 심리학자 로버트 여키스와 존 도슨도 비슷한 상황을 염려했습니다. 이들이 주장한 '여키스-도슨 법칙'에 따르면 적당한 각성과 스트레스는 더 많은 것을 배울 수 있게 도와주며 일의 능률을 올려줍니다. 하지만 걱정이 지나치면 거대한 심리적 소용돌이에 빠지게 되는데 이는 과도한 긴장 때문에 행동에 제약이 생기기 때문입니다.

다음으로 나오는 '유공실지^{猶恐失之}'는 '터득한 지식을 잊을까봐 매우 염려하고 걱정한다'는 뜻입니다. 친구 중에도 모르는 게 너무 많은 것 같아서 부지런히 공부를 했지만 혹여나 그것을 잊어버릴까 걱정하는 사람들이 있을 겁니다. 우리가 걱정하고 고민하는 이 모든 상황은 2천 5백여 년 전 공자도 똑같이 겪었습니다. 그는 그러한 자신의 마음 상태를 '학여불급, 유공실지'라는 말로 솔직하게 털어놓았습니다. 말로 표현한다는 건 그것을 시인하고 용납하는 것과 같습니다. 이렇게 일단 자신이 그런 상태라는 걸 용납하면 더 깊이, 몰입해서 공부할 수 있습니다. 공자는 이런 말도 남겼습니다.

> 자왈 : "오상종일불식, 종야불침이사, 무익, 불여학야."
>
> 子曰 : "吾嘗終日不食, 終夜不寢以思, 無益, 不如學也."
>
> '내가 일찍이 종일토록 먹지 않고, 밤새도록 자지 않으면서 사색
> 해 본 적이 있는데 유익한 것이 없었으니 배우는 것만 못하더라.'

장자도 배움에 관해 '우리의 삶은 유한하지만 지혜는 무한하다^{吾生也有涯, 而知也无涯, 以有涯逐无涯, 殆已}'는 가르침을 남긴 바 있습니다. 우리의 인생은 유한하지만 지식은 무한합니다. 유한한 삶

으로 무한한 지식을 전부 터득하겠다는 것은 매우 위험한 발상입니다. 불가능하기 때문이죠. 그런데 공자가 장자와 조금 다른 점이 있다면 그는 **'학여불급, 유공실지'**를 느낀 후에도 계속 노력해서 공부했다는 것입니다. 물론 우리는 세상의 모든 지식을 전부 배워야 할 필요가 없고 그렇게 할 수도 없지만 끊임없이 무언가를 배우는 자세로 살아간다면, 자신의 인생을 하나의 멋진 작품으로 만들 수 있을 것이라 생각합니다.

그렇다면 공부를 열심히 하다가 불쑥 스며드는 염려스런 마음은 어떻게 해결할 수 있을까요? 사실 이에 대한 답은 이미 공자가 알려주었습니다. 바로 **'용납'**하는 것입니다. 만일 자신이 걱정하고 있다는 사실을 용납하지 못한다면 심리적으로 일종의 불균형이 나타납니다. '지식을 배우는 건 좋지. 하지만 모든 지식을 전부 알지 못한다면 공부해 봤자 무슨 소용이야?', '공부하면 뭐 해. 기억을 못 하는데.' 등의 생각을 하게 됩니다.

그러니 이제부터는 걱정되고 불안한 정서를 자연스럽게 용납하세요. 공부하면서도 걱정이 되는 건 매우 자연스러운 현상입니다. 2천 년 전 사람들도 똑같았습니다. 심지어 공자조차 그런 경험을 했습니다. 그러니 우리는 평정심을 가지고 계속해서 배움의 과정을 즐기면 됩니다. 자기의 문제와 단점을 인정하고 용납하는 사람만이 진정한 변화를 경험할 수 있습니다. 그렇지 않고 끊임없이 자책하며 스스로 옭아맨다면 끝없는 슬픔과 고통 속에 빠져 변화를 기대하기 어렵습니다. 만일 여러분도 공부하는 도중에 가끔 걱정에 빠진다면 스스로 이렇게 말해 주세요.

'괜찮아. 공자도 그랬잖아. 나만 그런 게 아니야.'

나의 문제를 정확히 인식하고 걱정되는 마음을 수용하고 인정하면 더는 그 근심과 불안이 자신을 짓누르는 일은 없을 겁니다.

이 책을 읽는 동안 그 구절을 열 번 이상 마음속으로, 머릿속으로 되뇐다면 여러분의 인생은 이미 변화를 향한 첫걸음을 내디딘 것입니다.

공자가 하루는 길을 가다 큰 길가에서 똥을 누는 사람을 발견했습니다. 공자는 제자들을 시켜 그를 잡아다 볼기를 치게 한 후 준엄하게 꾸짖고 훈계하여 돌려보냈지요. 다시 길을 떠난 공자 일행은 얼마 후에 이번에는 길 한가운데서 똥을 누는 사람을 만났습니다. 이번에도 제자들이 똑같이 데려다 볼기를 치려 하자 공자는 "저놈을 피해서 길을 가라"고 이야기합니다. 이에 제자들이 공자에게 물었습니다.

"스승님, 아까 길가에서 똥을 싸는 놈은 데려다 혼을 내셨으면서, 이제 길 한가운데서 똥을 싸는 놈은 피해서 가시는 이유가 무엇입니까?"

그러자 공자는 이렇게 대답했습니다.

"길가에서 똥을 싼다는 것은 마음 한구석에 그래도 부끄러워하는 마음이 약간이나마 남아있다는 의미다. 하지만 길 한가운데서 똥을 싼다는 것은 인간으로서 부끄러워하는 마음이 전혀 없다는 얘기다. 부끄러움이 남아있는 인간은 매를 때려서라도 가르칠 수 있지만, 그런 마음이 전혀 없는 인간은 때려서도 가르칠 수 없다. 가르칠 수도 없는 인간을 데려다 때리고 훈계하는 것은 어리석은 시간 낭비일 뿐이다."

도대체 무엇을
공부해야 할까?

달항①당인왈達巷黨人曰 "대재공자大哉孔子! 박학이무소성명博學而無所成名."

자문지子聞之, **위문제자왈**謂門弟子曰 "오하집②吾何執? 집어③호執御乎? 집사호執射乎? 오집어의吾執御矣."

달항 고을의 한 사람이 말했다.

"위대하도다, 공자여! 그러나 다방면에 걸쳐 두루 알면서도 어느 것 하나 전문 분야에서 명성을 이룬 것은 없다."

공자께서 이 말을 듣고 제자들에게 말씀하셨다.

"내가 무엇을 전공할까? 마차 몰기를 전공할까? 활쏘기를 전공할까? 나는 가장 손쉬운 마차 몰기나 해야겠다."

① 달항達巷: 지명 이름.
② 집執: ~을 하다.
③ 어御: 마차를 몰다.

　'달항당인'은 『논어』에 자주 등장하는데 연구에 따르면 이는 달항 고을의 '항탁'이라는 주장이 있습니다. 그 주장대로 풀이 하면 이렇습니다.

　항탁은 역사적으로 매우 유명한 인물입니다. 『열자·탕문』편 에 그에 관한 기록이 등장합니다. 향탁은 어렸을 때 매우 영 특한 아이였습니다. 친구와 해에 관해 논쟁을 벌이다가 공자 에게 당돌한 질문을 던져 그를 난감하게 했지요.

　"대체 태양은 아침에 우리와 가까이 떠 있는 겁니까, 아니면 오후에 가까이 떠 있는 겁니까? 만일 아침에 더 가까운 거라 면 왜 오후가 될수록 더 더워지는 거죠? 오후에 더 가까이 있 는 거라면 왜 태양은 아침에 더 커 보이는 걸까요?"

　훗날 사람들은 공자 같은 성인도 꼬마의 질문에 대답하지 못한 것을 두고 매우 놀랐습니다. 항탁은 하나의 모순적인 흑 백논리로 공자에게 도전장을 내던진 당찬 아이였습니다. 사 실 현대 과학으로 해석하자면 이는 지구의 자전 및 공존과 연 관 있습니다.

　지구의 자전이란 지구가 남극과 북극을 이은 가상의 축을 중심으로 하루에 한 바퀴씩 회전하는 것입니다. 태양이 동쪽에서 보이기 시작하여 서쪽으로 움직이는 것처럼 보이는 이유도 지구의 자전에 의해 일어나는 것이지요. 즉, 지구가 서쪽에서 동쪽으로 자전하기 때문에 태양은 동쪽에서 서쪽으로 움직이는 것처럼 보입니다.

지구의 공전이란 지구가 태양을 중심으로 하여 1년에 한 바퀴씩 서쪽에서 동쪽으로 회전하는 것을 의미합니다. 그러나 이러한 변화를 육안으로는 식별해내기 어렵고 이것이 기온에 미치는 영향 또한 크지 않습니다. 결국 항탁의 질문은 '시각'과 '촉각'이라는 두 가지 다른 각도에서 태양의 거리를 판단한 것이므로 그에 대한 대답도 두 개가 될 수밖에 없습니다.

자, 그럼 위 구절로 다시 돌아가 봅시다. 달항 고을의 사람이 어느 날 공자의 제자를 만나 이렇게 얘기했습니다. **"대재공자**大哉孔子**! 박학이무소성명**博學而無所成名**."** 만일 그 사람이 항탁이라고 가정하고 평소 그의 언행을 고려하면 이 말에는 풍자적인 의미가 담겨 있습니다. **"공자라는 선생은 아는 건 많아도 전문지식은 없는 것 같습니다. 소문처럼 그렇게 대단한 사람은 아닌 것 같아요."**라는 말입니다.

이 말이 돌고 돌아서 공자의 귀에도 들어갔습니다. 그러자 공자는 제자들에게 이렇게 반문합니다.

> "오하집吾何執? 집어호執御乎? 집사호執射乎?"
>
> "그렇다면 내가 어떤 영역에서 전문가가 되어야 하겠는가? 활을 쏘아볼까? 아니면 마차를 끌어볼까?"

사실 공자는 예법과 음악, 활쏘기와 말타기, 붓글씨와 수학과 같은 '육예六藝'에 정통한 사람이었습니다. 마차도 물론 잘 몰았습니다. 고대에는 운전을 한다는 게 쉬운 일이 아니었습니다. 지금이야 차량에 체계적인 시스템이 탑재되어 있고 핸들 조작법도 비교적 쉬운 편이지만 고대에는 자동차가 아닌 마차를 몰아야 했지요. 그런데 말은 자동차의 계기판이나 기어처럼 예상대로 움직여지지 않습니다. 게다가 마차를 몰 줄 아는 사람은 말에 탄 채로 전투에 나가 싸우기도 했으니 난도가 상당했습니다.

그는 활쏘기에도 재주가 있었습니다. 제자들과 함께 취푸에 있는 사격장에 들러 활쏘기 연습을 하는 것이 취미 중 하나일 정도였죠. 이렇게 재주 많은 공자가 마지막에 재치 있게 농담을 던집니다.

"오집어의吾執御矣"

"그나마 제일 쉬운 마차나 몰아야겠다."

공자는 이 구절로 여러 지식을 두루 섭렵한 '박학'과 하나의 영역에서 전문성을 갖춘 '전공'에 관한 토론의 화두를 던졌습니다. 과연 둘 중에 우리가 추구해야 할 것은 무엇일까요?

소위 '박사'는 다른 사람보다 더 많은 것을 아는 사람일까요? 아니면 특정 분야의 전문가일까요? 사실 이에 관한 논쟁은 아주 오래전부터 끊이지 않고 있습니다. 그 이유는 이것이 근본적으로 '사상'과 '기술', 두 가지와 관련 있기 때문입니다.

공자는 제자들에게 전문 기술보다는 사상과 인문학, 철학 등을 가르쳤습니다. 하지만 실용주의자였던 달항 사람은 기술이나 전공, 직업 등을 매우 중시했죠. 만일 '철학 혹은 실용', '사상 혹은 기술', '박학 혹은 전문성' 중에 하나씩 고르라고 했다면 공자는 당연히 전자를 선택했을 겁니다.

앞서 소개했듯이 공자는 자신을 '선인들의 이야기를 기술하고 전하는述而不作' 사람이라고 생각했습니다. 어떤 논문이나 문서로 자신의 파벌을 규정하고 정리하고자 하는 마음이 없었지요. 그는 고대로부터 내려오는 지식과 문화를 후대에 잘 전달하고 퍼트리는 일로 충분하다고 생각했습니다. 저는 공자의 이러한 태도가 바로 진정한 교육자 마인드라고 생각합니다.

달항 사람의 말에 공자가 보인 반응을 보면 우리는 그가 얼마나 넓은 마음과 생각을 가진 사람인지 알 수 있습니다. 그는 그런 말을 들었다고 해서 자신을 채근하거나 '대체 무슨 근거로 내게 그런 말을 한단 말인가!'라며 화를 내지도 않았습니다. 오히려 "그럼 나는 뭘 전공하는 게 좋을까? 활쏘기? 마차 끌기? 그래. 마차 끌기가 좋겠어."라며 재치 있는 농담으로 받아쳤지요.

다른 사람의 질책이나 비난을 가볍게, 재치 있게 받아치는 모습을 통해 우리는 다시 한번 공자의 인간 됨됨이를 엿볼 수 있습니다.

공자의 제자 중에 '자로'라는 인물이 있었습니다. 그는 처음 공자를 만났을 때 그를 우습게 보고, 공자를 때리려고까지 했던 무뢰한이 었습니다. 게다가 가르침 따위는 개나 주라는 듯이 오만하게 행동 했죠. 그런 그에게 공자는 만나자마자 이렇게 물었습니다.

"자네는 무엇을 좋아하는가."

자로는 이렇게 대답합니다.

"나는 긴 칼을 좋아한다네."

얼마나 폭력성이 강했길래 사람들을 위협하는 긴 칼을 좋아한다고 했을까요? 하지만 공자는 겁먹지 않고 태연하게 이렇게 말합니다.

"그대가 원래 잘하는 것에 '학문'을 더한다면, 아무도 그대를 따를 자가 없을 것이다."

하지만 자로는 반신반의하며 되묻습니다.

"학문이라는 게 나에게 도대체 무슨 도움이 되겠느냐?"

공자는 자로의 의문에 온갖 비유를 들어 친절히 일러줍니다.

"간언하는 신하가 없으면 임금이 실정하고, 미친 말을 몰 때는 채찍을 놓을 수 없으며, 나무는 목수의 먹줄이 닿아야 곧아지며, 사람은 타인의 비판을 들어야 비로소 성장한다. 배움을 추구하고 질문을 중시하는 사람이 된다면, 더 이상 바랄 것이 없을 것이다."

하지만 자로는 공자의 친절한 설명에도 여전히 자만하며 이렇게 말합니다.

"남산의 푸른 대나무는 누군가 잡아주지 않아도 스스로 곧으니, 그 대나무를 잘라 화살로 쓰면 가죽 과녁을 뚫어버리지 않느냐. 그러니 굳이 학문을 배울 필요가 있을까?"

하지만 사람 좋은 공자는 포기하지 않습니다.

"그 푸른 대나무를 잘 다듬어 깃털도 달고 쇠촉도 달아 날카로이 연마한다면, 더 깊이 가죽을 뚫을 수 있지 않겠느냐"

그제서야 자로는 무릎을 꿇고 가르침을 받겠다고 머리를 조아립니다. 그들은 그렇게 세상에 둘도 없는 스승과 제자가 되었습니다.

좋은 질문이
좋은 생각을 낳는다

자왈子曰 "오유지호재吾有知乎哉? 무지야無知也. 유비부문어아有鄙夫問於我, 공공여야空空如也, 아고①기양단②이갈언我叩其兩端而竭焉."

공자가 말하길, "내가 아는 것이 있는가? 나는 아는 것이 없다. 그러나 어떤 시골뜨기가 나에게 하찮을 걸 물어올지라도 나는 그 질문의 양 끝을 헤아려 힘껏 알려줄 뿐이다."

....

① 고叩: (끝까지 따져서) 묻다, 캐어 묻다.
② 양단兩端: 무식한 사람이 던진 질문의 양쪽 끝.

공자는 제자들에게 "사람들이 말하는 것처럼 내가 모든 것을 다 알고 있다고 생각하는가? 사실 나 역시 모르는 것이 많다."라고 말했습니다. 그는 완벽하지 않은 자신의 모습을 인정했고 아직 모르는 것이 너무 많다고 고백했습니다.

'비부鄙夫**'는 '성실하고 순진한 사람'**을 가리킵니다. 베이징 대학의 리링 교수는 이를 '시골뜨기'로 해석했습니다. 그러니 '비부'라는 표현에는 존중의 의미가 담겨 있지 않습니다. 공자는 이 단어로 자신에게 질문을 던진 사람의 자세와 마음가짐을 금방 눈치챘습니다. 그리고 그 자세에 대해 이야기합니다.

'공공여야空空如也**'**에서 **'공공**空空**'**이란 어리숙하고 모자란 모습을 가리키는 말로 '우둔하고 바보 같은 모습'을 뜻합니다. 그런데 여기서 '공공여야'가 비부를 형용한 것인지 공자 자신을 가리켜 말한 것인지에 관해서는 여러 해석이 존재합니다.

그중 하나는 공자를 찾아와 질문을 던진 비부가 아무것도 할 줄 모르는 바보 같은 사람이라는 해석입니다. 그 다음에 **'아고기양단이갈언**我叩其兩端而竭焉**'**이라는 말이 이어집니다.

이 해석법으로 보면 **'고기양단**叩其兩端**'**이란 **'상대가 문제에 대한 답을 얻을 때까지 철저하게 가르친다'**는 말입니다. 지금의 말로 하면 '코칭 교육법'이 되겠습니다.

문제의 처음과 끝, 그러니까 사건의 처음부터 끝까지 하나 하나 질문을 던지면서 '지금은 어떤 생각이며 앞으로는 어떻게 할 계획인지, 그렇게 했을 때 어떤 결과가 나올 것인지' 등을 집요하게 물어봄으로써 상대가 철저하게 그것을 깨닫게 하는 것입니다.

또 다른 해석은 '공공여야'가 공자 자신을 가리킨다는 견해입니다. 즉, 누군가 던진 질문 때문에 순간 멍해져서 어떻게 대답해야 할지 모르는 공자 본인의 모습을 지칭한다는 것이죠. 이 해석법에 따르면 그는 이런 순간에 계속해서 다른 사람에게 가르침을 청하고 끝까지 질문을 던짐으로써 최대한 명확하게 알고 넘어갔습니다.

이 두 해석법 모두 일리가 있습니다.

그렇다면 대체 어리석은 사람은 시골뜨기였을까요 아니면 공자였을까요? 공자가 시골뜨기를 일깨워준 것일까요? 아니면 자기 자신을 일깨운 것일까요? 개인적으로 저는 첫 번째 해석법, 그러니까 '코칭 교육법' 해석이 더 그럴듯하다고 생각합니다. 공자는 제자들에게 '오유지호재吾有知乎哉? 무지야無知也.', "내가 아는 것이 있는가? 나는 아는 것이 없다."라고 했습니다. 언뜻 보기엔 자기부정 같지만 공자 스스로 아무것도 모른다고 생각했을 리 없습니다. 그는 겸손한 사람이긴 했지만 자신이 무지하다고 말한 적은 한 번도 없었습니다. 게다가 그가 다른 사람보다 박학한 것은 누구나 다 아는 사실이었죠. 그래서 저는 이 구절이 대략적으로 이런 뜻을 담고 있다고 생각합니다.

"나는 전지전능한 존재가 아니다. 나 역시 모르는 것이 너무 많거늘 사람들은 왜 내가 무엇이든 다 알 것이라고 생각하는지 모르겠다. 그러나 누군가 내게 질문을 해왔을 때 처음에는 그 답을 모를지라도 결국 적절한 답을 찾아낸다. 나의 방법은 상대에게 물어보는 것이다. 그 질문의 처음부터 끝, 정과 반의 양면에서 묻고 또 묻다 보면 결국 상대가 스스로 답을 찾아낸다."

공자의 이러한 '코칭 교육법'은 여러분에게도 많은 도움이 될 것입니다.

저는 이것이 교육계 종사자나 부모님들이 자녀를 지도할 때 충분히 활용할 수 있는 수준 높은 교육법이라고 생각합니다. 예전에 저는 은행 총장과 철강 공장 대표, 식품업계 임원들을 대상으로 코칭을 진행한 적이 있습니다. 은행에 근무해 본 적도 없고 공장장을 해 본 적도 없으며 식품을 팔아본 적 없는 제가 어떻게 그들을 코칭했을까요? 비결은 바로 공자의

'아고기양단이갈언^{我叩其兩端而竭焉}', '그 질문의 양 끝을 헤아려 힘껏 알려준다'입니다.

보통 코칭에 흔히 활용되는 모델은 'GROW' 모델입니다.

- G - 목표^{goal}
- R - 현실^{reality}
- O - 선택^{option}
- W - 의지 혹은 결론^{will/wrap-up}

먼저 코칭을 받는 사람(이하 피코치자)은 코칭을 통해 이루고 싶은 장단기 목표 등을 설정^{goal setting} 합니다. 그런 다음 현재 자신이 어떤 상황에 있으며, 어떤 일이 일어나고 있는가^{reality}를 탐색하죠. 이어서 코치는 피코치자에게 목표를 달성하기 위한 구체적인 세부 방법의 목록^{option}과 실천계획을 작성하게 합니다. 마지막으로 미래지향적인 질문을 계속 던짐으로써 그 의지^{will}를 실행하도록 도와줍니다.

가끔은 코치가 피코치자에 대해 아무것도 모를 때 오히려 효과가 더 좋게 나타납니다. 아무런 편견 없이 상대를 바라보기 때문에 그의 생각을 제한하지 않기 때문이죠. 코치가 가장 두려워하는 상황은 '코칭^{coaching}'이 아닌 '리딩^{leading}'이 되는 상황입니다.

간혹 계속해서 질문을 이어가다가 자기 생각을 집어넣는 코치들이 있습니다. '왜 이런 방법은 시도해 보지 않으시나요?'라는 등의 말을 하는 겁니다. 일단 코치의 생각이 들어가기 시작하면 피코치자는 스스로 생각하길 포기하고 곧바로 '네, 그렇게 해 볼게요.'라고 대답합니다. 그렇게 되는 순간 피코치자는 자신의 진정한 목표나 방법을 찾지 못하며 자신이 짊어진 책임도 의식하지 못합니다.

공자는 질문을 활용해 제자들과 대화하는 걸 좋아했습니다. 제자들 스스로 생각할 수 있게 한 것이었죠. 질문은 상대의 마음을 흔들고 생각을 피어나게 하는 힘을 가졌습니다. 병아리가 스스로 알을 깰 수 있도록 어미가 밖에서 부리로 조금씩 쪼아주어야 진정한 돌파구를 마련하고 깨달음을 얻을 수 있습니다. 저는 이것이 바로 위 구절의 진정한 해석이라고 생각합니다.

사람들이 그가 전지전능한 존재라고 생각하게 된 이유는 그가 사용했던 교육법인 '아고기양단이갈언' 때문일 겁니다. 설령 상대가 비천하고 어리석은 시골뜨기일지라도 공자는 질문을 통해 상대가 스스로 생각하게 해서 답을 찾아내도록 도왔습니다. 그래서 모두 공자가 대단한 사람이라고 생각한 것이죠.

여러분도 이러한 방법으로 질문을 통해 스스로 생각하는 좋은 습관을 길렀으면 좋겠습니다. 혹은 이 방법을 여러분의 선생님이나 부모님에게 소개해 보세요. 이 내용에 관해 조금 더 알고 싶다면 존 휘트모어의 『코칭 리더십』을 읽어보길 추천합니다.

고대 그리스의 철학자이자 교육가였던 소크라테스는 제자들과 대화를 나눌 때 늘 정과 반, 양면으로 문제를 분석하고 학생들이 스스로 정확한 결론을 낼 수 있도록 도왔습니다. 그러한 그의 교육방식은 '산파술'이라고 불리기도 했지요. 한번은 그가 '정의란 무엇인가'에 관해 제자들과 대화를 나누었습니다.

"'허위'가 정의인가?"

소크라테스의 질문에 제자들은 아니라고 대답했습니다. 그러자 그가 다시 질문을 던졌습니다.

"도적질과 거짓말, 노역은 정의인가?"

제자들은 또 아니라고 대답했습니다.

"전쟁 중에 장군이 병사들의 사기를 북돋아주기 위해 지원군이 곧 도착할 것이라는 거짓말을 했다. 아픈 아이를 빨리 낫게 하려고 아버지가 거짓말로 아이를 어르고 달래서 약을 먹였다. 친구가 극단적인 선택을 할까 봐 걱정한 사람이 친구가 가진 칼을 몰래 훔쳤다. 이러한 행동은 정의인가 아닌가?"

학생들의 대답은 달라졌습니다.

"정의입니다."

소크라테스는 이렇듯 끝없는 질문과 계몽식 교육을 통해 학생들이 '정의란 구체적인 상황에 따라 다르게 판단해야 한다.'는 결론을 스스로 도출할 수 있도록 도와주었습니다.

'임곗값'을 넘기 전에
쉽게 포기하지 마라

안연위연①탄왈顏淵喟然歎曰 "앙지미②고仰之彌高, 찬지미견鑽之彌堅, 첨지재전瞻之在前, 홀언재후忽焉在後. 부자순순연③선유인夫子循循然善誘人, 박아이문博我以文, 약아이례約我以禮, 욕파불능欲罷不能. 기갈오재既竭吾才, 여유소립탁이如有所立卓爾, 수욕종지雖欲從之, 말④유야이末由也已."

안연이 탄식하여 말했다.

"(선생님은) 우러러보면 볼수록 더욱 높아지고, 뚫고 내려가면 갈수록 더욱 단단해지며, 앞에 있는 것 같았는데 어느새 뒤로 가 있다. 선생님께서는 사람을 차근차근 잘 이끌어 학문으로써 나의 사고의 폭을 넓혀주시고 예법으로써 나의 행위를 절제해 주시니 학문을 그만두려고 해도 그만둘 수가 없다. 나의 재능을 다 써버리면 마치 앞에 새로운 목표물이 우

뚝 솟아 있는 것 같고 그것을 따라가려고 해도 따라갈 길이
없다."

---

① 위연喟然: 탄식하는 모양.

② 미彌: 더욱.

③ 순순연循循然: 차례차례, 단계적으로.

④ 말末: 없다, 모르겠다.

이 구절은 안연, 즉 안회가 스승인 공자를 칭찬한 말입니다.
여러분도 만일 선생님에게 감사한 마음을 표현하고 싶다면
이 구절을 활용해도 좋습니다.

안회는 『논어』에 자주 등장하지만, 그는 말이 많은 제자가
아니었기에 기록된 것이 많지는 않습니다. 그런 그가 공자를
향해 할 수 있는 최고의 미사여구를 동원해 칭찬을 아끼지 않
은 것입니다.

'양지미고仰之彌高**'와 '찬지미견**鑽之彌堅**'**은 각각 높이와 깊이를
나타내는 표현입니다. 안회는 진심으로 감탄하며 **스승의 학
문은 진정으로 넓고 심오하다**'라고 말했습니다. 공자를 향한
그의 경외심과 감탄은 마치 쿵푸 선수가 재야의 고수를 만났
을 때 내뱉는 감탄과 탄복과도 같았습니다.

'첨지재전瞻之在前**, 홀언재후**忽焉在後**'**는 '스승이 조금 전에 내 앞

에 서 있는 것 같았는데 갑자기 내 뒤에서 다시 나타난다'는 뜻으로 마치 공자가 어디에나 존재하는 무소부재의 존재로 느껴진다는 뜻입니다.

위의 네 구절을 합치면 **'공자의 학문이 너무나 깊고 심오해 감히 헤아릴 수 없다'**는 의미입니다.

이어지는 구절은 **'부자순순연선유인**夫子循循然善誘人'입니다. '순 순연'이란 공자가 다른 선생님들처럼 정확하고 절대적인 답안 만 요구하거나 중요한 부분에 밑줄을 그으면서 '시험에 나오 는 부분이니 무조건 외우라'고 하지 않는다는 의미와 같습니 다. 학생들의 입시 점수를 기가 막히게 올려주는 선생님은 많 지만, 그들은 학생을 '시험 잘 보는 기계'로만 만드는 데 익숙 할 뿐이죠. **'유인'은 학생이 학문에 진심 어린 흥미가 생기도 록 유도해서 그 공부를 좋아하게 되는 일**을 말합니다. 그러니 까 '순순연선유인'은 한눈에도 '시험 위주'의 학습이 아니라는 것을 알 수 있습니다.

공자는 학생을 가르칠 때 엄청난 인내심을 발휘했습니다. 그는 학생을 계몽하고 바른길로 인도해 주는 것을 좋아했는 데 이러한 정신은 앞에서 설명했던 '아고기양단이갈언'에 잘 드러나 있습니다. 그는 언제나 학생이 스스로 궁금해하고 답을 찾을 수 있도록 질문을 활용했습니다.

'박아이문博我以文'은 스승 덕분에 '내가 더 많은 지식을 얻게 된다'는 말이며 '약아이례約我以禮'는 '내가 정말 좋은 사람이 되도록 스승이 나를 도와 주신다'는 뜻입니다. 다시 말해 공자는 지식만 가르치고 전달한 것이 아니라 좋은 사람이 되도록 학생들을 인도해 주었다는 걸 알 수 있습니다.

'욕파불능欲罷不能'이란 '스승에게 배우는 모든 것이 너무 아름답고 감사한 일이라 차마 도중에 그만두고 싶어도 그럴 수 없다'는 말입니다. 즉, 내면에 강력한 동기가 있어서 공부에 열중할 수 있고 덕분에 학문을 배우고 예법을 익히는 일이 매우 즐겁게 느껴진다는 뜻입니다.

'기갈오재旣竭吾才'는 '내가 할 수 있는 최선을 다해 공부했지만 내 앞에 여전히 태산같이 높은 스승이 떡하니 서 있다'는 의미입니다.

'수욕종지雖欲從之, 말유야이末由也已'는 '나 또한 스승을 따라가고 싶지만, 그의 학문이 너무도 넓고 심오하여 감히 엄두가 나지 않는다'는 말입니다.

이 구절은 아마도 안회가 아주 중요한 공식 석상에서 공자를 칭찬하고 그에게 감사를 표현하고자 했던 말인 것 같습니다.

그렇다면 안회의 말처럼 공자와 제자들 사이에는 왜 그토록 엄청난 차이가 있었을까요? 똑같은 내용을 함께 공부하고 나눴던 사람들인데 말이죠. 비밀은 뇌에 있습니다.

사람의 뇌는 신경세포인 뉴런을 통해 정보를 전달하면서 작업을 수행합니다. 사실 사람들마다 뉴런의 수는 큰 차이가 없지만, 공자처럼 어릴 때부터 공부를 즐기고 많이 한 사람은 신경세포 사슬의 구조가 훨씬 더 복잡하고 풍부한 것으로 나타납니다. 게다가 공자는 사람들을 가르치는 데 매우 열중했습니다. 사실 세상에서 가장 좋은 공부법은 터득한 지식을 다른 사람에게 전달하는 것입니다. 이 과정에서 공자의 뉴런은 긍정적인 자극을 계속해서 받았기 때문에 그 수가 폭발적으로 늘어났을 겁니다.

그래서 제자들은 공자를 보면서 짧게는 5년, 길게는 10년 정도의 차이를 느꼈을 것이며 학문이나 그 경지에 있어서는 상상할 수도, 측량할 수도 없는 차이를 느꼈을 겁니다. 그렇기에 안회의 탄식과 감탄은 지나친 칭찬이나 아부가 아니라 자신이 진심으로 느낀 점이라고 할 수 있습니다.

공부의 과정은 늘 '수직 상승'만 있는 게 아닙니다. 반드시 넘기 힘든 '임곗값'을 만나기 마련입니다. '임곗값'이 뭘까요?

알기 쉬운 예를 하나 들어보겠습니다.

정상적인 수준의 기압에서 온도계 없이 물을 끓인다고 했을 때 섭씨 99도까지 온도가 올라도 물이 끓지 않는다고 생각할 겁니다. 99도에서는 눈에 띄는 변화가 없어서 물의 표면이 잔잔하기 때문입니다. 그런데 섭씨 100도가 되면 물이 '보글보글' 끓기 시작하며 거품이 일어납니다. 99도에서 100도가 되는 과정, 이 과정을 바로 '임곗값 돌파'라고 합니다.

공부를 하다 보면 정말 힘든 과정을 한 번씩 만납니다. 정체기라도 온 것처럼 뭘 공부해도 머릿속에 들어오지 않고 아무리 노력해도 변화가 나타나지 않기 때문에 회의감이 들기도 하지요. 이럴 때는 '다른 사람은 쉽게 하는 건데 왜 나만 어렵지?'라는 생각도 듭니다. 하지만 그건 여러분이 그동안 평지만 걸었을 뿐, 아직 수치상으로 '상승'의 과정에 진입하지 않았기 때문입니다. 만일 이럴 때 포기해 버린다면 '임곗값'을 돌파하지 못한 채 계속 평지에 남아 있어야만 합니다. 그것을 뛰어넘어야 비로소 '임곗값'을 돌파해 새로운 단계로 진입할 수 있습니다.

우리의 인생에는 모두 이런 경험이 필요합니다. 안회와 자공, 자로도 오랜 시간 공부했지만, 공자와 차이를 보였던 이유는 공자는 이미 그 '임곗값'을 뛰어넘었기 때문입니다.

공자의 사상이나 학문이 가늠할 수 없을 만큼 심오하고 놀라웠다는 것은 절대 지나친 과장이 아닙니다. 이것은 우리가 『논어』를 읽어보면 쉽게 알 수 있지요.

안회가 이 구절을 통해 우리에게 주고자 하는 메시지는 '무엇을 공부하든지 인내심을 가져야 한다'는 점입니다. 안회조차 공부함에 있어 절정의 경지에 오르는 것은 너무 어려운 일이라 마음을 급하게 먹어서는 안 된다고 느꼈으니까요.

그러니 여러분도 조금 더 편안한 마음으로 공부했으면 좋겠습니다. 지금 우리가 함께 『논어』를 읽는 이 과정에도 인내심이 필요합니다. 여기에서는 '임곗값'까지는 필요 없을지 모르겠습니다. 다만 이 책이 여러분의 성장에 도움이 될 것이라는 마음가짐으로 즐겁게 읽었으면 좋겠습니다. 그러면 언젠가는 반드시 여러분에게 풍성한 선물이 되어 다시 돌아올 것입니다. 그것이 바로 공부의 매력입니다.

퀴리 부인은 프랑스의 유명 물리학자이자 화학자로 노벨 물리학상을 받은 바 있습니다. 원소의 주기율표를 만들어 실험하던 그녀는 우라늄보다 훨씬 강한 방사능을 가진 '라듐'이라는 원소를 발견하게 되었고 이것을 '방사성 원소'라 불렀습니다. 이어서 그녀는 수천 킬로그램의 역청 우라늄광을 하나씩 끓여내는 과정을 3년 동안 무수히 반복한 끝에 마침내 1902년에 0.1그램의 염화라듐을 분리해 내는 데 성공했습니다.

퀴리 부인이 라듐을 발견하는 과정이 바로 '임곗값'을 돌파하는 전형적인 예라고 할 수 있습니다.

공부를 하기 전 반드시 버려야 할 태도, '게으름'

자왈ﾁﾓ "어지이불타①자ﾗﾃｼﾞﾑｼﾞﾃﾞ, 기회야여②ﾟﾐﾞ!"

공자가 말하길, "말해 주면 실행하기를 게을리하지 않는 사람
은 아마도 회이리라!"

....

① 타惰: 게으르다, 나태하다.
② 여與: 어조사 여歟와 동의어, 감탄을 나타냄.

안회를 매우 좋아하고 신뢰했던 공자는 그를 가리켜 이렇
게 말했습니다.

"내가 무슨 말을 하면 안회는 항상 노력해서 그것을 실천하

며 전혀 게으름을 피우지 않는다. 안회는 그런 사람이다."

공자가 말한 **'어지이불타자**語之而不惰者'는 두 가지로 해석할 수 있습니다.

첫 번째는 스승의 말을 들으면 곧장 그것을 실행한다는 뜻입니다. 반대로 한 귀로 듣고 한 귀로 흘려보내며 실천하기를 꺼리는 사람들도 있는데 공자는 이것을 일종의 게으름과 나태함으로 보았습니다.

두 번째는 공자가 매일같이 반복해서 가르쳤던 '인, 의, 예, 지, 신'의 덕목을 오직 안회만 한결같이 열심히 들었다는 뜻입니다. 이 말을 할 때의 공자는 이미 나이를 지긋하게 먹은 상태였고 그의 주변에는 수많은 제자가 있었지요. 공자는 그들에게 늘 몇 가지를 강조해서 가르쳤는데 그중에는 너무 많이 들어 익숙한 나머지 한 귀로 듣고 한 귀로 흘리는 제자들도 있었습니다.

어떤 각도로 해석하든 공자가 말한 **'어지이불타자**語之而不惰者' **는 '학문을 추구하는 일종의 미덕'**이라고 할 수 있습니다.

여러분도 가끔 부모님이나 선생님이 하시는 말씀 중에 너무 많이 들은 내용이라 지겹다는 생각에 귀를 막고 싶을 때가 있을 겁니다. 그렇지만 인생의 진리는 아무리 반복해서 듣는다고 한들 그 의미가 퇴색되지 않습니다. 게다가 매번 상황에 따라 다르게 해석할 수도 있지요. 제가『논어』를 한 번만 읽지 않고 열 번, 스무 번을 다시 읽는 것도, 그때마다 새로운 의미와 느낌으로 다가오기 때문입니다.

어른들이 해 주는 조언이 때로는 잔소리처럼 느껴져 듣기 싫을 때가 있을 겁니다. 이해합니다. 그런데 혹시 그 말속에 숨은 뜻을 곰곰이 돌아보고 생각해 본 적이 있나요? 어쩌면 어른들이 끊이지 않고 계속해서 말하는 이유는 여러분이 그 말속에 숨은 진짜 의미와 뜻을 여전히 깨닫지 못했기 때문일 수도 있습니다.

공자가 강조했던 인仁, 의義, 예禮, 지智, 신信은 유교의 핵심적인 가르침입니다. 이는 오상지도五常之道라고도 합니다. 그중 인仁은 오상五常의 첫 번째이자 공자가 가장 중요하게 여긴 사상으로 '인의예지신'의 오상이 모두 인仁에 포함되어 있습니다. 그런데 이 오상이 조선의 사대문과 아주 긴밀히 연결되어 있다고 합니다. 조선의 도성인 경복궁과 사대문은 유교 이념과 왕도정치의 이상을 품고 '정도전' 주도 아래 계획되었습니다. 그래서 새로운 이상 국가를 건국하려는 조선왕조 개국의 깊은 의미가 곳곳에 담겨 있었습니다. 그중 유교 사상은 사대문 명칭에 잘 녹아 들어가 있다고 합니다. 지금은 명칭이 바뀌었지만 옛 명칭을 살피면 바로 '인의예지신'이 한눈에 보입니다.

먼저 현재의 동대문은 옛 명칭으로 흥인仁문, 서대문은 돈의義문, 남대문은 숭례禮문, 북대문 홍지智문 그리고 나머지 보신信각에 신信이 각각 들어가 있습니다.

문 하나에도 이렇게 깊은 조상의 지혜를 녹여 놓았다는 것을 알고 나니 뭐 하나 허투루 만들어진 것이 없다는 생각이 듭니다.

마음만 먹는 사람 vs.
끝까지 해내는 사람

자왈^{子曰} "묘①이불수②자유의부^{苗而不秀者有矣夫}! 수이불실③자유
의부^{秀而不實者有矣夫!}"

공자가 말하길, "싹이 돋았으되 꽃이 피지 않는 것도 있고, 꽃
이 피었으되 열매를 맺지 않는 것도 있도다!"

....

① 묘^苗: 싹이 돋아나다.
② 수^秀: 꽃이 피다.
③ 실^實: 열매를 맺다.

'**묘이불수자유의부**^{苗而不秀者有矣夫}'는 '**싹이 돋아났으나 꽃이 피
지 않는다**'는 의미이며 '**수이불실자유의부**^{秀而不實者有矣夫}'란 '**꽃은**

피어났지만 과실을 맺지 못한다'는 뜻입니다.

겉모습은 화려하지만 실속이 없음을 비유하는 사자성어 **'화이불실**華而不實**'** 역시 꽃은 화려하지만 열매를 맺지 못한다는 말에서 비롯한 것으로 여기에서의 '빛날 화華'는 '꽃 화花'와 같은 의미로 사용되고 있습니다.

공자는 오로지 학문에만 매진하다가 숨을 거둔 안회를 매우 안타까워했습니다. 안회는 이미 꽃을 피운, 밝은 미래가 보장된 전형적인 학자였지만 학문의 '열매'를 끝내 맺지 못하고 일찍이 세상을 떠난 사람이었습니다. 그런 그를 떠올리며 공자는 안타까움에 깊은 탄식을 내뱉었습니다. 위의 구절은 안회를 묘사한 것이기도 하지만 우리에게는 또 다른 교훈과 진리를 가르쳐주고 있습니다. 즉, 뜻을 세워 공부를 시작했더라도 그것을 끝까지 포기하지 않고 해내는 것은 쉽지 않다는 것입니다.

세상에는 성공을 바라는 사람이 정말 많습니다. 그들은 엄청난 열정을 가지고 너도나도 이런저런 강의와 모임에 참석합니다. 그렇지만 마지막까지 포기하지 않고 결실을 거두는 사람은 얼마 되지 않습니다. '꽃을 피운다'는 건 지식이 어느 정도까지 도달한 뒤에도 그것을 계속 유지한다는 말입니다.

의지와 행동을 일정 시간을 유지하기도 어려운 일이지만 끝내 풍성한 열매를 맺는 것은 더 어려운 일입니다. 여기에는 굳건한 의지 외에도 포기하지 않는 열정, 그리고 적절한 기회나 인연이 있어야 하기 때문이지요.

예를 들어 공자가 주장했던 '어질고 바른 정치'의 '덕정德政'과 백성을 사랑하는 '애민愛民'은 누가 봐도 훌륭한 정치적 사상입니다. 하지만 춘추전국 시대에 접어들면서 사회적으로 예법이 파괴되고 질서가 문란해졌으며 제후국들 사이에서는 전쟁이 끊이지 않았습니다. 참혹한 현실 속에서 공자의 주장은 통치자의 인정을 받기 힘들었습니다.

그리고 보면 '기회'와 '인연'도 매우 중요합니다. 사실 살다 보면 성공은 적절한 기회를 만났기 때문에 이뤄질 때가 많습니다. 그런데 만일 그러한 기회와 인연의 존재를 인정하지 않는다면 아무리 노력해도 '열매'를 얻지 못하는 딜레마에 빠지게 될 것입니다.

안회는 공자가 진심으로 사랑한 제자였습니다. 전해지는 이야기에 따르면, 한번은 공자가 급하게 노나라로 돌아가야 하는 일이 있었습니다. 당시는 추운 겨울이라 눈이 많이 내려 땅과 강이 얼어버린 상태였습니다. 급히 말을 몰아 꽁꽁 언 강을 건너는데 갑자기 얼음이 갈라지는 바람에 마차에 잔뜩 싣고 있던 책들이 모두 쏟아져 물에 빠지고 말았습니다. 이때 함께했던 안회가 공자를 대신해 책을 건져내기 위해 몇 번이고 물속에 들어갔다 나오기를 반복했는데 결국 이 때문에 병을 얻어 세상을 떠났다는 설이 있습니다.

또 다른 고증에 따르면, 안회가 공자를 도와 서적을 정리하는 일을 너무 오랫동안 힘들게 했던 탓에 결국에는 과로사로 세상을 떠났다는 설도 있습니다. 당시 71세였던 공자는 안회의 죽음을 진심으로 안타까워하고 괴로워하며 "하늘이 날 버렸도다^{噫, 天喪子, 天喪子}!"라고 절규했다고 합니다.

뜻을 품었다면
공부의 4단계로 진입하라!

자왈*子曰* "가여공학*可與共學*, 미가여적도*未可與適道*; 가여적도*可與適道*, 미가여립①*未可與立*, 가여립*可與立*, 미가여권②*未可與權*."

공자가 말하길, "함께 학문을 할 수 있는 사람이더라도 함께 도를 추구할 수 있는 것은 아니고, 함께 도를 추구할 수 있는 사람이더라도 함께 도를 견지할 수 있는 것은 아니다. 함께 도를 견지할 수 있다고 해도 반드시 이 세상에서 변통할 수 있는 것은 아니다."

----

① 립*立*: 매사에 예법에 근거해 행동으로 행함.
② 권*權*: 변통.

공부는 기본적으로 네 가지 단계로 나뉩니다.

가장 먼저는 '**가여공학**^{可與共學}', 입문의 단계입니다. 쉽게 말해 '**등록하고 공부를 시작하는 단계**'이지요. 두 번째는 '**미가여적도**^{未可與適道}'의 단계입니다. 모두가 한곳에 모여서 공부하는 것인데 사실 모든 사람이 전부 순수하게 학문만을 위해서 모인 건 아니라는 말입니다. 그중에는 친구를 사귀기 위해 온 사람도 있고 일자리를 얻기 위해 온 사람도 있다는 뜻입니다. '**정말 순수하게 진리와 도를 깨우치기 위해 온 사람은 몇 안 된다**'는 말이지요.

세 번째는 '**가여적도**^{可與適道}, **미가여립**^{未可與立}'의 단계로 '**학문을 추구하기 위해 온 사람일지라도 진리를 배운 다음, 그것을 지키며 배운 대로 살아가기는 쉽지 않다**'는 말입니다.

마지막은 '**가여립**^{可與立}, **미가여권**^{未可與權}'의 단계로 '**도를 추구하는 사람은 상황에 따라 융통성 있게 진리를 적용할 수 있어야 한다**'는 의미입니다. 이것을 '변통^{變通}', '임기응변'이라고 하는데 이는 공부의 최종단계이자 유가에서 추구하는 최고의 경지이기도 했습니다.

명나라 사상가 왕양명이 바로 임기응변에 뛰어난 대표적인 인물이었습니다. 그는 녕왕과의 전쟁에서 공문서를 위조해 거짓 내용을 기록했고 녕왕은 여기에 철저하게 속아 넘어

갔습니다. 만일 왕양명이 '군자는 거짓말을 해서는 안 된다'는 원칙만 고수했다면 패배하고 말았을 겁니다. 그러나 그는 '지금은 전쟁 중이고, 정의의 편에 서야 하는 상황에서 반란을 일으킨 녕왕에게 굳이 '예의'를 지킬 필요는 없다'고 생각했습니다. 그가 활용했던 '적을 속이는 기술'이 바로 훌륭한 임기응변이었지요.

하지만 정도는 있어야 합니다. 공자는 칠십이 넘어 자신의 인생을 돌아보면서 '마음이 가는 대로 행하여도 크게 어긋남이 없다從心所欲, 不逾矩'라고 말했습니다. 다시 말해 상황에 따라 융통성 있게 대응하되, 정도를 지켜야 한다는 말입니다. 누군가의 뇌물을 마음대로 받아놓고 상황에 따라 거짓말을 하거나 시치미를 떼는 것은 임기응변이 아니라 정도를 지나친 범죄입니다. 임기응변의 핵심은 정도를 지키는 것입니다. 높은 경지에 오른 사람이 임기응변에 탁월한 이유도 바로 이 때문입니다. 자기 수양을 오래 한 사람일수록 그것이 가능하기 때문이죠.

결론적으로 위의 구절은 네 단계로 잘라서 해석해 볼 수 있습니다. 첫 번째 단계는 공부를 시작하는 **'가여공학'**, 두 번째는 도를 추구하는 **'가여적도'**, 세 번째는 도를 지키고 견지하는

'**가여립**', 마지막으로 배운 도를 상황에 맞게 적용하는 '**가여권**'의 단계입니다.

이 가르침을 글로 정리하는 건 쉽지만 적용하는 것은 절대 쉽지 않습니다. 유가의 임기응변 경지를 조금 더 잘 이해하고 싶다면 주희와 왕양명의 작품을 비교해 보는 것도 도움이 될 것입니다. 주희가 쓴 글은 기본적으로 '가여립'의 정신에 입각해 있습니다. 그가 도를 지킬 수 있었던 것은 그 역시 성인이었기 때문입니다. 그에 비해 왕양명이 쓴 글에는 힘과 패기가 느껴지며 실용성을 추구하고 있습니다. 그가 무슨 일을 할 때마다 성공을 거둘 수 있었던 이유는 임기응변에 능했기 때문입니다.

여러분도 마음에 어떤 뜻을 품었다면 '공학'의 단계부터 시작해 '적도'의 단계를 지나 '립'의 단계를 거쳐 최종적으로 '변통'의 단계에 도달할 수 있기를 바랍니다.

'공자가어孔子家語'에 공자와 제자 '자로' 간에 재미있는 대화가 나옵니다. 공자의 임기응변을 살필 수 있는 대목이기도 하지요.

공자는 나이 54세가 되어서야 비로소 노魯에서 나라의 형벌을 주관하는 대사구大司寇직을 맡아 경대부卿大夫의 지위에 오르게 됩니다. 이때 공자는 나라의 행사를 주관하면서 아주 기쁜 얼굴로 업무를 처리했다고 합니다. 그러자 다소 짓궂은 제자 자로가 공자에게 이런 질문을 합니다.

"제가 듣기에 군자는 화禍가 이르러도 두려워하지 않고, 복福이 이르러도 기뻐하지 않는다 했습니다. 그런데 지금 스승님께서는 지위를 얻고서 기뻐하시니 무슨 연유입니까?"

제자의 당돌한 질문에 공자도 내심 뜨끔했던 것 같습니다. 하지만 천하의 공자는 3천 명이나 되는 제자를 거느린 스승입니다. 그런 질문 따위에 휘둘릴 인물이 아니죠. 공자는 자로의 지적에 솔직하게 인정하며 이런 말을 합니다.

"그렇다. 허나 고귀한 신분으로서 다른 사람의 아래에 서는 것도 즐거운 일이라 말할 수 있지 않겠느냐?"

역시 성인다운 임기응변입니다.

효율적인 공부를 위한
최적의 경로 설정

자왈子曰 "회야비조①아자야回也非助我者也, 어오언무소불열②於吾言無所不說."

공자가 말하길, "회는 나를 돕는 사람이 아니다. 그는 내 말을 모두 이해하고 좋아했다."

....

① 조助 : 돕다.
② 열說 : 헤아릴 열.

여기서 '회'는 안회를 뜻합니다. 그런데 아마 많은 사람이 이 구절을 읽고 의아하게 여길 것입니다. 공자는 안회를 정말 좋

아했다고 알고 있는데 왜 그를 향해 '**회야비조아자야**回也非助我者
也', 즉 '**나를 돕는 사람이 아니다**'라고 말했을까요? 먼저 이 말
을 했을 때 공자의 표정이 어떠했을지 상상하면서 본문을 읽
어 나갔으면 좋겠습니다.

만일 이 구절을 비난과 질책의 의미로 본다면 '드디어 공자
가 안회를 나무랐구나!'라고 생각할 수 있을 겁니다. 그리고는
이렇게 해석하겠지요.

"안회는 나를 도와줄 수 있는 사람이 아니다." 하고는 바로
뒤에 '**어오언무소불열**於吾言無所不說', 즉 '**그는 내가 하는 모든 말
을 이해하고 언제나 좋아했다.**'라고 합니다. 뭔가 이상하지
요? 앞뒤 말이 맞지 않습니다.

일단 이 말을 했을 때 공자는 기분이 매우 좋은 상태였을 겁
니다. 아마도 안회가 했던 어떤 일이 공자를 기쁘게 했던 것
같습니다. 그래서 공자는 "안회는 나를 돕는 사람이 아니다.
그는 내가 한 말에 단 한 번도 싫증 낸 적이 없으며 따르지 않
은 적이 없다."라고 말했습니다.

안회에 대한 공자의 평가를 간단하게 정리하자면 '어리석을
정도로 내 말을 잘 따르는 사람'이었습니다. 누가 보면 바보
같을 정도로 공자가 하는 말을 순순히 잘 따랐으니까요. 그러
나 공자의 진심은 그렇지 않았습니다. 그는 절대 안회를 어리

석다고 생각하지 않았습니다.

안회는 자로나 자공처럼 공자에게 질문을 던지거나 말대꾸하지 않았습니다. 그러나 안회의 삶을 들여다보면 이미 공자가 말한 지식을 흡수해서 살아내고 있다는 걸 단번에 알 수 있었죠.

그러니 안회는 당연히 어리석은 사람이 아니었습니다. 오히려 그는 정말 총명하고 지혜로운 사람이었지요. 그는 생각할 줄 아는 사람이었고, 자신이 던진 질문에 스스로 답을 찾아 그것을 삶으로 체화하는 사람이었습니다.

저는 이 구절이 학생을 향한 스승의 미묘하고 아름다운 마음을 잘 표현한 문장이라고 생각합니다. 어떤 학생들은 모르는 문제를 보면 제일 먼저 선생님에게 달려가 질문합니다. 가끔은 선생님의 해석을 의심하기도 합니다. 아마도 대부분의 학생이 새로운 지식을 습득할 때 이런 마음일 겁니다. 계속해서 질문하면서 자신이 열심히 하고 있다는 걸 증명하고 선생님의 의견에 반론하면서 자기도 그만큼 똑똑하다는 걸 과시하려는 겁니다.

그렇지만 지혜로웠던 안회는 자신이 모르는 문제나 새로운 지식을 접하면 질문하기에 급급하기보단 먼저 스스로 생각하고, 그 안에 숨은 뜻을 깨닫기 전까지 천천히 곱씹어 보았습니다.

만약 안회가 공자의 말을 '모두 이해하고 좋아한' 이유가 정말로 어리석어서 그런 것이었다면 공자가 안회를 두고 '퇴이성기사(그가 돌아간 뒤 그의 사사로운 언행을 살펴봄)' 할 필요도 없었겠지요. 그저 앞에서만 알아들은 척하면서 공자의 말에 무조건 '좋아요'만 외쳤다면 수업이 끝난 후 집에 돌아가서도 절대 배운 내용을 실천할 수 없었을 겁니다. 공자는 안회가 진짜로 가르침을 이해했으며 항상 스스로 생각하고, 그 내용을 삶에 적용하는 사람인 걸 알았습니다.

안회를 통해 우리는 공부의 '최적의 경로'가 무엇인지 알 수 있습니다. 새로운 지식을 공부할 때 모르는 부분이 나오면 먼저 반박하거나 의심하고 질문하기보다는 곰곰이 생각해 보는 것이지요. 그 과정을 통해 대뇌에서 자극이 일어나고 일종의 '고통의 순간'을 지나쳐 답을 찾게 되면 진정한 의미의 기쁨과 희열을 맛볼 수 있고 그제야 그 지식이 온전히 내 것이 되는 겁니다. 제 생각에 공자는 위 구절을 말하면서 기쁨의 미소를 지었을 겁니다. 저는 여기서 안회를 기특하고 자랑스럽게 여기는 공자의 마음을 여실히 느낄 수 있습니다.

우리는 공자의 문장에서 두 가지 교훈을 얻을 수 있습니다.

첫째, 굳이 반박이나 질문, 의심으로 자신의 '존재감'을 드러내려 노력할 필요가 없다는 것입니다. 사실 우리 주변에는 일부러 특이하고 괴팍한 질문으로 상대의 의견에 반박하거나 반대 의견을 제시하여 자신은 남들과 다르다는 걸 드러내려는 사람들이 있습니다. 하지만 저는 이해하지 못하거나 동의할 수 없는 일을 만났을 때는 먼저 충분히 혼자 생각해 본 다음, 다시 새로운 의견을 제시하는 것도 좋은 방법이라고 생각합니다.

둘째, 본인의 생각을 말할 때는 보다 '건설적인 의견'을 제시해야 합니다. 내비게이션을 생각해 보세요. 내비게이션은 결코 운전자를 질책하거나 의심하지 않습니다. 아무리 틀린 길로 가도, 아무리 멀리 돌아가도 "내 말 듣고 있어요? 내가 뭐랬어요! 저 길로 가야 한다고 했잖아요!"라며 혼내지 않습니다. 길을 잘못 들면 "경로를 재탐색합니다. 100 미터 앞에서 우회전입니다."라고 다정하게 다시 일러주어 새로운 경로를 통해 목적지에 잘 도착할 수 있도록 도와줍니다. 이런 게 바로 '건설적인 의견'입니다.

여러분도 친구와 이견이 있거나 갈등이 있을 때 다툴 필요는 없습니다. 상대의 생각이 조금 비합리적이라고 생각되어도 먼저 화를 내기보다는 건설적인 의견을 제시하면서 평온한 마음과 말투로 그 문제에 대해 상의하고 보다 나은 결정을 하도록 노력해 보세요.

마음의 지능지수라고 불리는 'EQ(감성지수)'가 높은 사람은 자기 정서를 잘 통제합니다. 우리는 내 정서의 '주인'이 되어야지 '노예'가 되어서는 안 됩니다. 때때로 어른과 아이를 구분하는 방법은 나이가 아니라 그 사람의 정서와 깊은 연관이 있습니다. 정서에 쉽게 사로잡히고 감정 기복이 심한 사람은 어린아이와 다름없습니다. 반면 정서를 잘 조절하고 조화롭게 처리하는 사람이 성숙한 어른이지요.

『논어』속의 많은 구절은 여러분이 곱씹어 생각하기만 하면 여러 측면에서 많은 깨달음을 얻을 수 있습니다. 맞고 틀리고는 중요하지 않습니다. 자신에게 도움이 되는 유익한 부분을 골라서 적용하면 그만입니다. 나아가 조금 더 성숙한 생각과 눈으로 나와 다른 사람의 다름을 바라보고 인정하면 됩니다.

안회는 어떤 인물이었을까요? 조금 더 살펴봅시다.

안회는 중국 춘추시대 노나라의 현인으로 공자가 가장 아끼고 신임하였던 제자였습니다. 지금까지 『논어』에서 본 대로 안회는 은둔자적인 성격으로 조용하고 사색을 즐기는 인물이었죠. 그는 "자기를 누르고 예禮로 돌아가는 것이 곧 인仁이다", "예가 아니면 보지도 말고, 듣지도 말고, 말하지도 말고, 행동하지도 말아야 한다"는 공자의 가르침을 끝까지 지킨 인물로도 유명합니다. 번지르르하게 말을 잘 하지도, 행동이 빨라 민첩하지도 않은 인물이었지만 자신이 한 말이나 스승이 한 말을 깊게 새겨 천천히 실천에 옮긴 그야말로 진중한 학자였습니다.

당신이 좋은 사람이 되어 기쁘면 나 역시 기쁘다.
그러나 우리는 먼저 '좋은 사람'이란
과연 무엇인가에 대해 정확히 알아야 한다.

2장

공부를
'잘 한다는 것'이
무엇일까?

공부는 뒷전,
걱정만 하는 사람

자왈子曰 "오상종일불식吾嘗終日不食, 종야불침①終夜不寢, 이사以思, 무익②無益, 불여학야不如學也."

공자가 말하길, "내 일찍이 종일토록 먹지도 않고, 밤새도록 눕지도 않고서 생각해 보았으나, 유익함이 없어 배우는 것만 못하더라."

....

① 침寢: 잠자다.
② 익益: 좋은 점, 수확.

명나라 중기의 유학자 왕양명은 젊은 시절 사물에 대해 깊이 연구하여 지식을 넓히는 '격물치지格物致知'에 관한 이야기를 듣고 그것을 실천해 보았습니다. '격물치지'란 쉽게 말해 길가의 나무나 테이블 위의 물컵 등 주변의 모든 사물에서 우주 만물의 공통점을 찾아내고 삶의 문제의 해답을 찾아가는 일을 가리킵니다. 그렇지만 그건 결코 쉬운 일이 아닙니다.

왕양명은 한때 주희가 강조한 '격물'의 원리를 깨닫고자 몇몇 친구와 함께 대나무를 가지고 몇 날 며칠을 생각하며 그것에서 깨달음을 얻고자 했습니다. 그러다 결국 병을 얻고 목숨까지 잃을 뻔했죠. 아마 공자도 젊은 시절 비슷한 경험을 했던 것 같습니다. 그는 혼자서 힘껏 생각하고 고민하면 무언가 깨달음을 얻을 수 있을 거라고 오해했던 것 같습니다. 하지만 결과는 좋지 않았습니다.

우리도 이런 경험을 할 때가 있습니다. 어떤 한 문제에 대해 골똘히 고민해 보지만, 실제로 지금 내가 생각하는 문제에 관해서는 이미 누군가가 연구를 마치고 심지어 책으로 써놓았을 가능성이 큽니다. 그러니 좋은 책 한 권만 찾아서 읽으면 '거인의 어깨'에 올라서서 쉽게 문제를 해결할 수 있는 셈이죠. 그렇게 지식을 기반으로 생각해야만 '무한한 공부의 즐거움'을 누릴 수 있는 것입니다. 그래서 공자는 이런 깨달음을 얻고 이렇게 말했습니다.

"한때 나는 밥도 먹지 않고 잠도 자지 않고 오로지 생각하는 데만 모든 시간을 사용했으나 아무런 수확이 없었다. 그것보다 책을 한 자 더 읽는 것이 훨씬 낫다."

보통 창작을 하는 사람들은 과거에는 없던, 전혀 새로운 것을 만들어내야 한다는 고민을 많이 합니다. 그렇지만 사실 창작도 풍부한 지식이 바탕이 되어야 합니다. 뉴턴이나 아인슈타인도 '거인의 어깨'에 서서 선조들의 연구 결과를 이해하고 공부한 뒤에 그것을 보완하여 새로운 것을 창작했지요.

중국의 대표 현대문학가 양장 선생이 생전에 한 소녀에게 받은 편지 내용을 소개한 적이 있었습니다. 편지에는 인생에 대한 소녀의 걱정과 한탄, 세상에 대한 원망과 가정에 대한 불평불만들이 빼곡하게 적혀있었다고 합니다. 이에 양장 선생은 소녀에게 단 한 구절의 답장을 보냈습니다.

"당신의 문제는 고민만 너무 많고 책은 읽지 않는다는 것입니다."

현대 사회를 살아가는 우리가 선조들의 경험을 배우는 것은 매우 중요한 일입니다. 지금 우리가 접하는 모든 영역의 지식은 이미 누군가가 공부하고 연구를 해놓았기 때문입니다. 특히 평소에 여러분이 접하는 교과서 속의 지식은 우리보다 앞서간 사람들의 지혜를 한데 모아놓은 압축본이라고 볼 수 있습니다. 또 교과서 외의 책을 읽으면 시야를 넓히고 급히 해결해야 하는 문제들의 답을 찾는 데 많은 도움이 됩니다.

그러니 일단 수만 가지 고민의 해답을 찾으려 생각에 빠지기 전에 책부터 펼쳐야 합니다. 그래야만 나중의 혁신을 위한 기반을 닦을 수 있습니다. '책은 읽지 않고 생각만 많다'는 말을 마음에 새기고 잘 기억했으면 좋겠습니다. 그렇지 않으면 오히려 더 많은 문제로 고민하고 힘들어질 테니까요.

공자는 늘 '배움'을 강조한 현인이었습니다. 그래서 그의 독서량도 엄청났다고 알려져 있습니다. 그의 방대한 독서량을 뜻하는 사자성어로 '위편삼절^{韋編三絶}'이 있습니다. '위편^{韋編}'은 가죽으로 된 책 끈을 말합니다. 책을 엮은 가죽끈이 세 번이나 닳아 끊어진 것을 위편삼절이라고 합니다. 공자가 주역^{周易}이라는 책을 좋아해서 어찌나 여러 번 읽고 또 읽었는지 그만 대쪽을 엮은 가죽끈이 세 번이나 끊어졌다고 합니다.

또한 공자는 음악을 좋아했는데, 제나라로 가서 순임금의 음악을 들었을 때는 석 달 동안 고기 맛을 모를 정도로 열중한 끝에 "내가 음악을 이렇게까지 좋아하게 될 줄은 미처 몰랐다."라고 말했습니다. 공자는 무엇 하나에 빠지면 먹고 자는 것도 잊을 정도로 몰입하는 성격이었습니다.

'그들은 천재'라는
가장 비겁한 변명

자왈子曰 "성상근①也性相近也, 습상원②也習相遠也."

공자가 말하길, "사람의 본성은 서로 비슷하지만, 습성은 서로 현격히 다르다."

---

① 근近 : 비슷하다.
② 원遠 : 멀다. 여기서는 다르다의 뜻.

이 구절은 안데르스 에릭슨과 로버트 풀의 『1만 시간의 재발견』이라는 책의 주제와도 일맥상통합니다. 책에서는 세상에는 태어날 때부터 타고난 사람은 그렇게 많지 않다고 지적

합니다. 모차르트나 파가니니 등 천재로 보이는 사람들도 사실은 후천적인 연습을 통해 탄생한 인물이라는 것이죠. 반에서 성적이 좋은 친구들을 한번 유심히 관찰해 보세요. 그 친구들도 태어날 때부터 똑똑한 것이 아니라 좋은 공부 습관과 방법으로 꾸준히 노력하고 있다는 걸 알게 될 겁니다.

그렇지만 우리 주변에는 '타고난 재능'을 강조하고 중요하게 생각하는 사람들이 많습니다. 그들은 천재들의 탄생 스토리나 성공 스토리에 열광합니다. 그렇게 하면 일단 마음은 편해집니다. 어차피 노력해도 타고난 재능을 따라갈 수 없으니 지금 내가 실력이 부족한 건 내 탓이 아니라는 생각에 위안이 되지요. 같은 일을 하는데 누군가가 나보다 훨씬 더 좋은 성과를 거둔 이유가 '더 많이 공부하고 노력했기 때문'이라는 말을 들으면 마음이 불편하거든요. 그리고 갑자기 스트레스가 많아지고 평정심을 잃게 됩니다. 그렇지만 "그 사람은 천재라서 그래."라고 말하면 바로 안심이 됩니다. 그러고는 곧바로 자기 합리화가 시작되죠.

'내가 안 되는 건 다 이유가 있어. 내가 노력하지 않은 게 아니라고.'

사실 '천재'라는 단어는 많은 사람의 성장을 저해합니다. 공자는 일찍이 사람들 간의 재능이나 천성, 지능에는 큰 차이가 없다는 사실을 발견했습니다. 그는 정상인의 지능지수는 크게 차이가 없으며 사람과 사람이 진짜 차이를 보이는 이유는 '수련의 정도'가 다르기 때문이라고 말했습니다. 공자의 말을 살펴봅시다.

'**습상원아**習相遠也'에서 '**습**習'은 학습과 공부의 뜻 말고도 꾸준한 접촉이나 연습, 사람 혹은 사물에서 받는 영향의 뜻을 담고 있습니다. 공자는 이러한 맥락에서 '**성상근야**性相近也, **습상원야**習相遠也', '**사람의 본성은 서로 비슷하지만, 습성은 서로 현격히 다르다.**'라는 결론을 내린 것입니다.

다른 각도에서 한번 살펴볼까요. 유명 인사들이 거둔 성과는 대개 집안, 가정과 연관이 많습니다. 그런데 이것은 유전적인 DNA의 영향이 아니라 가정환경이나 훈육을 통해 형성된 학습 분위기의 영향을 가리킵니다. 예를 들어 아인슈타인이 어릴 때 전자기학과 관련한 많은 지식을 통달할 수 있었던 이유는 그의 집이 전구와 전기 기기를 다루는 장사를 했던 것과 연관이 있습니다. 아버지와 삼촌이 매일 부품 다루는 걸 보면서 자연스럽게 그와 관련한 지식을 습득하게 된 것이죠. 프랑스 화학자 라부아지에 역시 집에서 약국을 운영했던 덕분에 연관 지식을 쉽게 접할 수 있었습니다.

그래서 부모가 자녀에게 어떤 성장 환경을 제공해 주고 어떤 지식을 접하게 하는가는 매우 중요합니다.

우리의 인생은 새하얀 도화지와 같습니다. 서양의 '백지설'에 따르면 아이들은 하얀 스케치북과 같아서 어떤 교육을 받느냐에 따라 그 위에 그리는 그림이 달라진다고 합니다. 비록 일각에서는 이 '백지설'이 과학적이지 않다고 주장하지만, 우리는 사람은 자라온 환경의 영향을 받는다는 걸 알고 있습니다. 어떤 정보를 접했느냐에 따라서, 어떤 내용을 매일 연습하고 어떤 분위기 속에서 성장했느냐에 따라서 사람마다 차이를 보이게 되는 것이죠.

그렇기 때문에 개인의 능력은 단순히 타고난 자질이나 천부적인 재능 덕분이 아니라 후천적인 훈련과 노력을 통해 얻어진 것이라고 할 수 있습니다.

'이건 유전이에요.', '어쩔 수 없어요. 그 친구는 타고난 걸요.' 등의 핑계는 여러분을 나태하게 만들 뿐 개인적인 성장과 발전에는 아무런 도움이 되지 못합니다.

스페인 출신의 작곡가이자 바이올리니스트 파블로 데 사라사테 Pablo de Sarasate 역시 천재로 인정받은 인물입니다. 그는 지고이네르바이젠Zigeunerweisen이라는 곡으로 유명하지요. 사라사테는 10살 때 스페인 이사벨라 여왕 앞에서 이 곡을 연주하고 여왕으로부터 스트라디바리우스라는 명품 바이올린을 선물받았을 정도로 화려한 연주를 자랑했습니다. 그는 이 곡으로 바이올린의 모든 기교를 자유자재로 발휘해서 타고난 천재로 불리게 되었지만 타고난 천재는 아니었습니다. 마치 모든 사람은 그가 악보 몇 번을 슬쩍 들여다 본 뒤 멋지게 연주하고, 한 번의 영감으로 단번에 작곡을 해냈을 거라고 생각하겠지만, 그의 고백을 들어보면 그가 얼마나 철저한 노력파인지 알 수 있습니다. 그는 이런 말을 했습니다.

"37년간 하루 14시간씩 바이올린 연습을 했는데, 사람들은 나를 가리켜 천재라고 부른다."

설혹 타고난 음악적 재능을 타고났다고 해도 그들은 피나는 노력을 합니다. 자신의 천재성을 인정하기 전에 그 천재성을 발휘하기 위한 노력부터 하는 것이지요. 이것이 바로 진정한 예술가이자 위인입니다.

배우지 않으려는 사람들이 겪게 되는
6가지 폐단

자왈子曰 "유야由也! 여문육언①육폐②의호女聞六言六蔽矣乎?"

대왈對曰 "미야未也."

"거③居! 오어여吾語女. 호인불호학好仁不好學, 기폐야우其蔽也愚; 호지불호학好知不好學, 기폐야탕其蔽也蕩; 호신불호학好信不好學, 기폐야적④其蔽也賊; 호직불호학好直不好學, 기폐야교⑤其蔽也絞; 호용불호학好勇不好學, 기폐야란其蔽也亂; 호강불호학好剛不好學, 기폐야광其蔽也狂."

공자가 말하길, "유야! 너는 여섯 마디 말과 그에 따른 여섯 가지 폐단이 무엇인지를 들었느냐?"라고 하자 자로가 "아직 못 들었습니다."라고 대답했다.

"앉거라. 내가 너에게 얘기해 주마. 인자한 사람이 되고자 하면서 배우지 않으면 그 폐단은 우둔해지는 것이고, 지혜로운 사람이 되고자 하면서 배우지 않으면 그 폐단은 까불게 되는 것이고, 믿음직스러운 사람이 되고자 하면서 배우지 않으면 그 폐단은 자신을 해치는 것이며, 올곧은 사람이 되고자 하면서 배우지 않으면 그 폐단은 가혹해지는 것이다. 용맹스러운 사람이 되고자 하면서 배우지 않으면 그 폐단은 난폭해지는 것이고, 굳센 사람이 되고자 하면서 배우지 않으면 그 폐단은 무모해지는 것이다."

---

① 육언六言: 여섯 마디, 여기에서는 여섯 가지 인품과 덕성을 가리킴.
② 육폐六蔽: 여섯 가지 병폐.
③ 거居: 앉다.
④ 적賊: 유해한.
⑤ 교絞: 말이 거칠고 야박함, 날카롭고 사정없음.

처음 이 구절을 읽었을 때 감동했던 느낌이 아직도 생생합니다. 공자는 『논어』의 전반부에서 제자들에게 믿음信와 정직함直, 지혜智에 관해 자주 가르칩니다. 그는 지혜와 인자함仁, 용맹함勇을 터득한 사람이야말로 학문의 최고 경지에 이른 것과 다름없다고 말하지요.

그런데 후반부에 들어서는 웬일인지 자로에게 조금 다른 말을 합니다. '정직함'이 꼭 좋은 것만은 아니며 '인자함' 역시 완전한 성품은 아니라고 알려줍니다.

왜 그럴까요? 만일 이 두 가지 덕목을 제대로 배우지 않았거나 배운 내용으로 자신을 바꾸지 않고 독단적으로 생각하고 행동한다면 문제가 생길 수 있다고 알려주려는 것입니다.

공자는 비유법으로 강의하는 걸 좋아했습니다. 그런데 매번 제자들과 토론할 때마다 자로가 가장 먼저 튀어나와 이런저런 질문으로 그의 말을 가로막았습니다. 공자는 자로에게 조금 더 융통성 있는 사람이 될 수 있는 방법을 가르치기로 결심하고 이렇게 물었습니다.

'여문육언육폐의호女聞六言六蔽矣乎', 즉 '자네는 여섯 가지 말六言과 여섯 가지 폐단六蔽에 관해 들어본 적 있는가?'

여기에서 '언言'은 일종의 미덕을 가리키는 것으로 '육언육폐六言六蔽'란 '여섯 가지 미덕과 여섯 가지 폐단'을 의미합니다. 공자의 질문에 자로가 들어본 적 없다고 대답하자, "앉아 보게. 내가 얘기해 주겠네."라고 말합니다. 이 대화는 참 현실감이 있습니다. 바로 눈앞에서 공자와 자로가 대화를 나누는 장면이 그려지는 것 같습니다. 이어서 공자는 편안한 마음과 말투로 이야기를 풀어갑니다.

먼저 '호인불호학好仁不好學, 기폐야우其蔽也愚'라는 말이 나옵니다. '호인불호학'이란 '인자한 사람이 되고자 하면서 배우지 않는 것'입니다.

바른 인성과 품행을 갖추고자 하는 사람이 있었습니다. 그는 자기가 정말 좋은 사람이 되었으면 좋겠다고 생각했습니다. 그런데 그걸 실천하지는 않았습니다. 아무런 공부도 하지 않고 배우지도 않으면서 매일 입으로만 "난 좋은 사람이 될 거야.", "난 모든 사람에게 친절하게 대할 거야.", "나는 착한 일을 많이 할 거야."라고만 말하는 겁니다. **'기폐야우'**는 그런 사람을 가리켜 **'어리석고 모자라다'**고 묘사하는 겁니다.

이런 사람은 상당히 많습니다. 중국 옛날이야기 중에 '동곽 선생과 늑대'[1]에 나오는 동곽선생이 나쁜 사람인가요? 좋은 사람입니다. '농부와 독사'[2]에 나오는 농부는 어떤가요? 당연히 좋은 사람입니다. 그렇지만 이 두 이야기 속의 주인공들은 모두 **'기폐야우'**, 즉 **'어리석고 모자란'** 사람입니다. 좋은 사람임에는 분명하지만, 상황을 분별하고 대응하는 능력이 없었기 때문에 결국 어리석고 우둔한 사람이 된 것이지요.

그러므로 사람은 자기가 세운 목표만 바라보면서 좋은 사람이 되겠다고 다짐해서는 안 됩니다. 아마 여러분 주변에도 이렇게 말하는 사람들이 있을 겁니다.

"나는 사람의 됨됨이를 볼 때 공부를 어느 정도 했느냐는 중요하지 않다고 생각해. 그냥 좋은 사람이 되면 그걸로 충분한 거 아닐까?"라고 말입니다.

『부처의 눈으로 세상을 보다』의 저자이자 티베트 불교의 큰 스승인 시아롱포칸부는 책에서 '불법佛法을 공부한다는 건 다른 게 아니라 내가 좋은 사람이 되고자 하는 것이다.'라고 말합니다. 그러고는 한 마디 덧붙입니다.

"당신이 좋은 사람이 되어 기쁘면 나 역시 기쁘다. 그러나 우리는 먼저 '좋은 사람'이란 과연 무엇인가에 대해 정확히 알아야 한다."

좋은 사람의 정의가 무엇인지, 그 경계가 어디인지조차 정확히 알지 못하면서 스스로 '나는 좋은 사람'이라는 이름표를 달고자 한다면 열에 아홉은 실패할 수밖에 없습니다.

두 번째로 **'호지불호학**好知不好學, **기폐야탕**其蔽也蕩'을 알아봅시다. **'호지불호학'은 '지혜로운 사람이 되고자 하면서 배우지 않는 것'**입니다. 똑똑하고 지혜로운 사람이 되고 싶다면 지식을 추구하는 것이 마땅합니다. 그런데 실제로는 배우지도 않고 자신을 바꾸거나 과거의 잘못된 지식을 수정하지도 않는 거죠. 그런 사람은 **'기폐야탕'**, 즉 **'세상을 우습게 보고 까불거리며'** 방탕한 삶을 살 수밖에 없습니다.

세 번째 **'호신불호학**好信不好學, **기폐야적**其蔽也賊'에서 **'호신불호**

학이란 **'믿음직스러운 사람이 되고자 하면서 배우지 않는 것'**입니다. 약속과 신의를 지키는 것은 당연한 일입니다. 하지만 배우지 않고 학문으로 자신의 인지 수준을 높이지 않으며 잘못된 일 처리 방식을 고치지 않는 한 **'기폐야적'**할 수밖에 없습니다. **'적**賊**'**은 **'유해한'**, **'해를 끼치는'**의 의미이므로 풀이하자면 **'다른 사람에게 상처 입기 쉽고 이용당하기 쉽다'**는 말입니다.

사자성어 '미생지신尾生之信'의 미생이 바로 이런 사람입니다. 옛날에 미생이라는 우직한 청년이 한 여인과 다리 밑에서 만나기로 약속했습니다. 그런데 그날따라 여인이 일이 생겨 약속 시간에 맞춰 나올 수 없었고 때마침 큰비가 내리기 시작해 개울물이 점점 불어났지만, 그 자리를 떠나지 않았던 미생은 결국 물에 빠져 죽고 맙니다.

우리는 여기서 이런 교훈을 얻을 수 있습니다. 인생은 끊임없이 배워야 하고 이로써 지식을 늘리고 잘못된 행동을 고쳐가는 겁니다. 그리고 각종 상황과 형편에 맞게 융통성을 발휘하는 법을 배워야 하는 겁니다.

네 번째는 **'호직불호학**好直不好學**, 기폐야교**其蔽也絞**'**입니다. **'호직불호학'**은 올곧은 사람이 되고자 하면서 배우지 않을 경우를 말합니다. 공자는 아무리 정직한 사람이더라도 배우지 않아

인지 수준이 낮다면 남에게 상처 주는 말을 하게 되므로 문제가 있다고 생각했습니다. '기폐야교'에서 '교絞'는 '신랄한', '날카로운'의 뜻으로 '가혹해진다'는 의미를 담고 있습니다. 우리 주변에는 자신이 매우 솔직하고 정직한 사람이라는 것에 자부심을 느끼는 사람들이 많습니다. 그래서 강직하다는 이유로 해서는 안 되는 말로 상대방을 날카롭게 지적합니다. 자로가 바로 이런 사람이었습니다. 그는 공자에게도 종종 그런 말투로 대꾸하거나 반박하고는 했습니다.

중국에는 '산속에는 곧은 나무가 있지만, 세상에는 정직한 사람이 없다山中有直樹, 世上无直人'는 말이 있습니다. 이 말은 '세상에는 정말로 정직한 사람이 매우 적다'는 뜻입니다. 사람들은 정직한 척, 다른 사람을 위하는 척하면서 말하지만 대부분 타인의 느낌과 감정을 전혀 배려하지 않기 때문에 결국에는 마음에 흉터를 남깁니다.

다섯 번째로 '**호용불호학**好勇不好學, **기폐야란**其蔽也亂'이 등장합니다. '호용불호학'은 '**용맹스러운 사람이 되고자 하면서 배우지 않는 것**'입니다. 자로처럼 용감무쌍하고 정의를 위해서라면 몸을 사리지 않는 사람은 당연히 좋은 사람입니다. 하지만 그런 사람일지라도 배우지 않고 자기를 수련하지 않는다면 오히려 소란을 만들 수 있다는 뜻입니다. 그 폐단으로 **'기폐야란', '난폭해지는 것'**이죠.

『수호전』에 등장하는 이규는 제멋대로 행동하는 사람 중 하나였습니다. 그는 자기 마음대로, 생각이 나는 대로 물불을 가리지 않고 사람들의 목숨을 해칩니다. 이런 식의 무모한 용기는 엄청난 혼란을 가져옵니다. 그들은 명확한 가치관에 따라 움직인다기보다 맹목적으로 누군가를 쫓아서, 혹은 불같은 성격대로 일을 처리하기 때문에 문제가 발생할 수밖에 없습니다.

마지막으로 **'호강불호학**好剛不好學, **기폐야광**其蔽也狂**'**에서 **'호강불호학'**은 **'굳센 사람이 되고자 하면서 배우지 않는 것'**입니다. 그리고 그 폐단은 **'기폐야광', '무모해지는 것'**입니다. 매우 우직하고 세속에 야망이 없으며, 어떤 것에도 유혹되지 않는다는 사람일지라도 배우지 않고 성장하지 않으면, 자신만의 편협한 생각에 빠져 괴팍하고 거만한 사람으로 변한다는 말입니다. 이런 사람은 자기만의 세계에 갇혀있기 때문에 누군가를 도와주거나 보탬이 되는 삶을 살지 못합니다. 오로지 본인만의 안위를 위할 뿐입니다.

공자는 인자함과 지혜, 신의와 정직함, 용감함과 강인함 중에 고정적이거나 경직된 개념은 하나도 없다는 걸 가르쳤습니다. '미덕'이란 상황에 따라 융통성 있게 적용할 수 있는 것이며, 이것을 통해 자신의 수준을 끌어올리고 사물을 대하는 눈이 예전과 달라져야만 성장할 수 있다고 보았습니다. 하나의 입장만을 고수하지 않고 중도의 입장을 지키거나 잘잘못을 따지지 않는 공자의 '무가무불가無可無不可' 정신에 바로 이러한 개념이 고스란히 묻어나 있습니다. 공자는 늘 성장하는 인격의 사람이었으며 끊임없는 배움을 통해 자신을 바꿔 나갔습니다. 그래서 사물이나 사람을 대할 때 상황에 맞게 각기 다르게 대처할 수 있었던 것입니다.

품행이 바르고 선한 사람이 되고 싶다는 생각은 누구든 할 겁니다. 그렇다면 그만큼 배워야 합니다. 그리고 배운 것을 토대로 실제 상황에 맞게 조절할 수 있어야 합니다. 각각의 환경과 경계, 상황과 대상 등에 따라 대하는 태도와 처리 방식이 모두 달라야 합니다. 나는 지금도 충분히 좋은 사람이고 똑똑하고 믿음직하며 솔직하고 용감하고 정의로운 사람이라고 확신하는 것도 일종의 오만입니다. 조금 더 겸손한 마음으로 부단히 노력하고 공부하며 사람들과 소통하고 그들의 관점과 생각, 감정을 이해하며 배운 지식을 대인관계에 활용할

줄 알아야 진정으로 미덕을 추구하고 그것을 살아내는 사람
이 될 수 있습니다.

　세상에 완벽한 사람은 없습니다. 또한 절대 변하지 않는 규
칙도 없습니다. 우리는 그저 때에 따라 옳은 방향을 향해 끝
없이 나아갈 뿐이며 아름다운 사람들과 함께 길을 걸어갈 뿐
입니다. 그리고 그 과정에서 점점 더 행복해지는 나를 발견하
면 되는 겁니다.

　이 구절은 정말 심오한 의미를 지닌 구절입니다. 공자가 자
신이 가장 아끼고 사랑하는 제자 중 한 명에게 진심을 담아 정
말 허심탄회하게 해준 말이기 때문입니다.

전국 시기에 초나라가 송나라를 공격하려는 계획을 세웠습니다. 당시 걸출한 목수였던 노반이라는 사람이 초나라를 위해 특별히 운제雲梯라는 사다리 모양의 무기를 제작해 상대국의 성을 공격하는 데 사용하고자 했습니다. 그러나 전쟁을 반대했던 묵자가 급히 초국의 수도였던 영도로 달려가 노반을 데리고 함께 초 왕에게 갔습니다.

묵자는 초 왕에게 송나라를 치려는 일을 멈춰달라고 간곡히 부탁했습니다. 그러나 초 왕과 대신들은 새로 제작한 무기를 쉽게 포기하려 하지 않았고 실전에서 그 위력을 시험하고 싶어 했습니다. 그러자 묵자는 그 자리에서 "좋습니다. 그럼 지금 당장 시험해 보시지요."라고 말하고는 나무로 성벽 모형과 무기 모형을 만들었습니다. 그러고는 노반이 적군을, 자신이 아군 역할을 맡아 모의 전쟁을 해보았습니다.

노반은 여러 차례 다양한 방법으로 성을 공격하려 했지만, 번번이 묵자에게 저지당했습니다. 노반이 가지고 있던 무기들이 거의 바닥을 보일 때도 묵자의 전술은 끝이 없어 보였습니다.

결국 그 모습을 보고 있던 초왕은 "됐다. 송나라를 공격하려던 일은 없었던 것으로 하여라."라고 말했습니다.

이 일이 후대에 전해지며 자기 의견이나 주장을 끝까지 지킨다는 의미의 '묵수墨守'라는 단어가 생겨났고 규칙이나 관례를 끝까지 고수한다는 뜻의 '묵수성규墨守成規'라는 성어가 탄생했습니다.

공부를 잘 한다는 것:
새롭게 알게 된 것을 잊지 않도록 하는 것

자하왈子夏曰 "일지기소무日知其所亡, 월무망①기소능月無忘其所能, 가위호학②야이의可謂好學也已矣."

자하가 말하길, "날마다 모르던 것을 알아가며, 달마다 배운 바를 잊지 않으면 가히 학문을 잘 익히고 있다고 할 만하다."

....

① 망亡 : 잊다.
② 호학好學 : 학문을 좋아하다, 여기서는 학문을 익히다로 쓰였다.

    자하는 제자들에게 "매일 정진해야 하며 매일 새로운 것을 깨달아야 한다."라고 말했습니다. 이렇듯 **'예전엔 모르던 일을**

'오늘 새롭게 알게 된 것'을 '일지기소무^{日知其所亡}'라고 합니다. '월무망기소능^{月無忘其所能}'이란 '매달 공부했던 내용을 복습하며 상기시켜 잊지 않도록 해야 한다'는 말이지요. 자하는 이 두 가지를 모두 해낸다면 공부를 잘하고 있는 것이라 말합니다.

『어떻게 공부할 것인가』라는 책에서는 새로운 지식을 공부할 때 가장 중요한 것은 대뇌에 자극을 주는 것이라고 말합니다. 여러분이 어떤 책을 한 권 읽었는데 다음날 그 책의 내용을 기억하지 못한다면 대뇌가 자극을 받지 않은 겁니다. 그런데 책을 읽은 다음 그 내용을 머릿속에 '저장'하고 기억할 수 있다면 상황은 달라집니다.

지금 여러분이 『논어』 속의 몇 구절을 머릿속에 저장하고 기억했다가 실제 삶에서 그것을 인출해서 적용한다면 여러분의 대뇌에 자극이 일어납니다. 이것이 바로 진정한 학습의 과정이라고 할 수 있습니다.

이어서 자하는 '망각 주기'의 개념에 관해 언급합니다. 그가 '월무망기소능', '달마다 배운 바를 잊지 않으면'이라고 한 이유는 한 달이 바로 '망각 주기'의 텀에 해당하기 때문입니다. 만일 이 기간에 복습하지 않고 기억을 정리하지 않는다면 일부 내용은 정말 잊히게 됩니다. 그러므로 우리의 뇌에 자극을 일으키려면 한 달에 한 번은 복습 작업에 들어가 정리하는 시간을 가져야 합니다. 이것은 『어떻게 공부할 것인가』에 등장하는 학습법이기도 합니다.

독일의 심리학자인 헤르만 에빙하우스가 명명한 '에빙하우스의 망각곡선'이라는 개념이 있습니다. 이 이론에 따르면 사람은 무언가를 학습하고 난 직후에 바로 망각이 시작된다고 합니다. 게다가 망각의 속도는 불규칙하게 발생하는데 학습 바로 직후에 가장 급격하게 일어나며 그다음에는 천천히 진행되는 것으로 나타났습니다. 그래서 무언가를 새로 공부한 다음 그것을 잘 기억하려면 꾸준한 반복 학습이 반드시 필요합니다.

청대의 철학자이자 학자인 고염무가 쓴 작품이 있습니다. 『일지록』이라는 제목의 이 저서는 저자가 숱한 책을 읽고 그 내용과 요점을 일기 형식으로 30년 넘게 작성한 것을 엮은 작품입니다. 저는 이 책의 제목이 그 내용과 기가 막히게 맞아떨어진다고 생각합니다. 『일지록』은 '날마다 쌓이는 지식의 기록'이라는 뜻으로 작가가 해냈던 힘겨운 학문적 탐색과 그 여정을 고스란히 담아내고 있기 때문입니다.

매일 자신이 배운 내용을 필기하고 정리하는 것은 정말 좋은 공부 습관입니다. 자신이 배운 내용을 매일 동영상으로 촬영한 뒤에 SNS에 올리는 것도 좋습니다. 매일 그것이 쌓이다 보면 자연스럽게 지식의 양이 많아질 겁니다.

그렇지만 기억하세요. 매일 기록하는 것도 중요하지만 '망각의 주기'를 한 번씩 깨뜨리는 것도 중요합니다. 매주, 매월, 매분기, 상반기, 하반기별로 배운 내용을 복습하고 어떤 수확이 있었는지 정리해 보세요. 이렇게 해야 '공부를 잘하고 있다'고 말할 수 있습니다. '공부를 잘 한다'는 말에는 태도는 물론 방법도 포함되어 있다는 걸 기억합시다.

넓고도 깊게 파는
'**T자형 인재' 되기**

자하왈子夏日 "박학①이독지博學而篤志, 절문이근사切問而近思, 인재기
중의仁在其中矣."

자하가 말하길, "넓고 깊게 배우고 뜻을 독실하게 유지하며 질
문을 절제하고 생각을 가까이하면 인은 그 가운데 있다."

----

① 박학博學 : 넓고 깊게 배우다.

'**박학이독지**博學而篤志', **'넓고 깊게 배우고 뜻을 독실하게 유지
하는'** 것이 요즘 흔히 말하는 'T자형 인재'와도 같습니다. 'T자
형 인재'란 T자의 '가운데 곧은 기둥'처럼 한 분야를 깊이 파 전

문성을 지니되, '양옆으로 가지를 뻗어내듯' 관심과 이해를 기반으로 다양한 분야를 접목시키는 사람을 가리킵니다. 보통 이러한 사람들이 혁신을 잘 이끄는데, 혁신이란 대부분 두 가지, 혹은 그 이상의 영역을 접목해 만들어내는 과정이기 때문입니다.

법률만, 역사만, 수학만 공부해서는 대대적인 혁신이나 반전을 기대하기 어렵습니다. 그렇다고 여러 가지를 두루두루 공부하는 '박학'만으로 되는 것은 아니고 '독지'가 있어야 합니다. **'독지**篤志**'란 '전문성이 매우 명확하면서도 원대한 포부를 지닌 것'**으로 자신의 미래에 관한 확실한 계획이 있는 것을 뜻합니다. **'절문이근사**切問而近思**'는 '내면에서부터 비롯한 질문, 즉 호기심이 충만한 상태'**를 가리킵니다.

여러분이 모르는 문제에 관해 누군가 답을 알려주었다고 해도 거기에서 끝나지 않았으면 합니다. 그 답을 곰곰이 생각하고 내 경험에 비추어보면서 주변을 살펴보고 그것을 적용할 만한 예를 찾아보도록 하세요. 이렇게 해야만 이론과 실전을 접목할 수 있습니다.

'인재기중의仁在其中矣**'는 '인이 그 가운데에 있다'**라는 뜻으로 '박학이독지, 절문이근사'의 과정을 거친다고 해서 '인'의 경지에 도달한다는 게 아닙니다. 이는 배움을 대하는 태도와 더

가깝습니다. 따라서 이러한 태도로 배움을 취하다 보면 '**점점
인에 가까워진다**'는 뜻으로 해석할 수 있습니다.

이 구절이 마음에 들었다면 좌우명으로 사용해도 좋을 것
같습니다. 똑같이 써서 책상 위에 붙여놓고 틈날 때마다 한
번씩 읽어보는 건 어떨까요.

공부의 시작은
연필을 쥐는 것부터다

자하왈子夏曰 "백공①거사이성기사百工居肆以成其事, 군자학이치기도
②君子學以致其道."

자하가 말했다.

"모든 기술자는 작업장에서 열심히 일함으로써 자기 일을 성
취하고, 군자는 배움으로써 자기 도를 이룩한다."

....

① 백공百工 : 온갖 기술자, 목수나 대장장이를 말한다.
② 치기도致其道 : 도를 이룩한다, 도에 다다른다.

위 구절에서 **'백공거사이성기사'**百工居肆以成其事에서 **'사'**肆는 요즘 말로 **'작업실'**을 말합니다. 그러니 **'백공거사'**百工居肆란 목수나 대장장이, 도금사 등과 같은 각 영역의 **'전문 기술자들이 일하는 작업실'**을 가리키지요. 직업을 막론하고 무슨 일을 할 때 집에서 혼자 생각만 해서 되는 일이란 없습니다. 그래서 자하는 **'백공거사이성이사'**라고 말했습니다. **'백공이 작업을 완수하려면 작업실에서 실제로 작업을 해야 한다'**는 의미이지요.

이와 대응되는 문구가 뒤에 나오는 **'군자학이치기도'**君子學以致其道입니다. 이는 **'군자가 도를 추구하고자 한다면 공상에만 기대어서는 안 되고 반드시 공부하고 실천하면서 전문성을 갖춰야 한다'**는 의미입니다. 백공이 작업실에서 쉬지 않고 땀 흘리며 갈고 닦아 작업하는 것과도 같은 이치입니다.

'갈고 닦는 것'은 옥을 만드는 기능자들이 가장 잘하는 일입니다. 그래서 자하나 공자는 학문을 추구하는 일을 설명할 때 기능자들의 비유를 자주 사용했습니다. 학자가 학문을 배울 때 방 안에 앉아 공상만 해서는 안 된다는 걸 가르쳐주기 위함이었지요.

어릴 때 깜빡하고 학교에 필통을 안 들고 가면 선생님이 이렇게 혼내셨던 게 기억납니다. "전쟁터에 나가면서 총 안 들고 나가는 군인 봤니? 학생에게 무기는 연필이야. 연필을 놓고 오면 어떻게 해?"

자하는 이 구절을 통해 학문을 공부할 때는 '항상 부지런히 닦아서 먼지가 끼지 않게時時勤拂拭, 勿使惹塵埃' 해야 한다는 가르침을 주고자 했습니다. 모든 진리와 지식은 끝없는 연마와 학습을 통해 터득해야 합니다. 가만히 앉아만 있다가 갑자기 깨달아지는 것은 아무것도 없습니다.

공부를 즐기는 사람에게
정해진 스승이란 없다

위공손조①문어자공왈衛公孫朝問於子貢曰 "중니언②학仲尼焉學?"

자공왈子貢曰 "문무지도文武之道, 미추어지未墜於地, 재인在人. 현자식기대자賢者識其大者, 불현자식기소자不賢者識其小者. 막불유문무지도언莫不有文武之道焉. 부자언불학夫子焉不學? 이역하상사지유而亦何常師之有?"

위나라의 공손조가 자공에게 "당신의 스승 중니는 어디서 배웠습니까?" 하고 묻자 자공이 말했다.

"문왕과 무왕의 도가 아직 땅에 떨어지지 않고 사람들에게 남아 있어 현명한 사람은 그 가운데 큰 것을 배우고 현명하지 못한 사람은 그 가운데 작은 것을 배우지요. 이런 식으로 문왕과 무왕의 도를 지니고 있지 않은 사람이 없으니 저의 선생님께서 어디서인들 배우지 않겠습니까? 그리고 또 어찌 정해진 스승이 있었겠습니까?"

---

① 공손조^{公孫朝}: 위나라의 대부. 당시에는 노, 정, 초 삼국에 모두 공손조
가 있었으므로 이 구절에서는 '위공손조'라고 특별히 지명해서 부름.
② 언^焉: 어디.

공자를 의심하는 사람이 나타났습니다. 바로 위국의 대부
공손조입니다. **'중니언학**^{仲尼焉學}**?'**, **'당신의 스승 중니는 어디서
배웠습니까?'** 이 문장을 요즘말로 하면 이렇습니다.

"공자의 학문은 어디서 온 거요? 그가 대학을 나왔다는 말
은 못 들어본 것 같은데 대체 학력이 어떻게 됩니까?"

그러자 자공이 **'문무지도**^{文武之道}, **미추어지**^{未墜於地}, **재인**^{在人}'이
라고 대답합니다. **'문무지도'**란 **'문왕, 무왕의 도'**를 말합니다.
당시 사람들은 모두 주나라의 문왕과 무왕의 도를 공부했는
데 이것은 모두 5백 년 전의 도리였습니다.

공손조는 '5백 년 전의 일을 공자는 뭘 근거로 자기가 안다
고 하고 가르치는 거요? 자신이 진짜 그걸 깨달았다는 증거가
있습니까?'라며 의심의 눈초리를 던졌습니다. 그러자 자공은
'현자식기대자^{賢者識其大者}, **불현자식기소자**^{不賢者識其小者}'라고 대답
합니다. 이를 쉬운 말로 풀이하자면 이렇습니다.

"훌륭한 스승은 어디서든 만날 수 있습니다. 노자에게는 큰 도를 배울 수 있고, 사양에게는 거문고를 배울 수 있지요. 큰 인물을 만나면 큰 도를 배우고, 작은 인물을 만나면 작은 도를 배울 수 있습니다. 제 스승인 공자의 가장 큰 특징은 배움을 좋아하고 배움을 사랑하며 각기 다른 사람에게 배움을 얻는 다는 것입니다."

즉, 다시 말해 "문왕과 무왕의 도는 비록 5백 년 전의 것이지만 여전히 사라지지 않았고 대대손손 내려와 지금도 사람들에게 영향을 주고 있습니다."라고 이야기한 겁니다.

'막불유문무지도언莫不有文武之道焉**, 부자언불학**夫子焉不學**'이란 '이렇듯 큰 인물이나 작은 인물 모두에게 문왕과 무왕의 도가 남아있는데 당신은 어찌하여 배우지 않는 것입니까?'**라고 되묻는 말입니다. 마지막 **'이역하상사지유**而亦何常師之有**'**는 '**꼭 한 명의 스승만 있어야 하는 법이 있나요?'**라는 뜻이지요.

당나라 문학가 한유가 쓴 『사설』에는 '성인에게는 일정한 스승이 없다聖人無常師'라는 말이 나옵니다. 늘 열린 마음으로 앞서 나갔던 공자에게는 고정적인 스승이 없었습니다. 그는 어디서든 가르침을 청했으며 자기에게 깨달음을 주는 사람이라면 누구든 스승이라 말했지요. '태묘에 들어가서도 매사를 꼬치 꼬치 물었다'子入大廟, 每事問'는 기록을 보더라도 그는 왕실에 입장하는 일조차도 배움의 기회로 삼았다는 걸 알 수 있습니다.

그렇다면 공자는 왜 5백 년 전의 문화를 계속 계승했던 것일까요? 그것은 5백 년이라는 시간이 흘렀어도 사람들이 겪는 문제와 고통은 변함이 없었고 진정으로 추구해야 할 도리 역시 변함이 없었기 때문입니다.

문제를 해결할 수 있는 바른길은 아무리 시간이 흘러도 변함이 없는 법입니다. 그가 직면하고 고민했던 문제는 주문왕, 주무왕 시기의 고민과 똑같았습니다. 그래서 전통문화와 예절을 공부하며 자신을 돌아보고 다른 사람에게 가르치면서 '도'를 계승했던 것입니다.

지금 우리가 『논어』를 읽는 이유도 이와 같습니다. 비록 수천 년이 흘렀지만, 공자의 배움과 수련 방법은 여전히 우리에게 많은 귀감이 됩니다.

내 인생의 유일한 결정권자는
오직 나 자신이다

자왈子曰 "비①譬여위산爲山, 미성일궤未成一簣, 지②止, 오지야吾止也. 비여평지譬如平地, 수복일궤雖覆一簣, 진進, 오왕③야吾往也."

공자가 말하길, "비유하자면 산을 쌓을 때 마지막 흙 한 삼태기가 부족해 중지했다면 내가 중지한 것이다. 비유하자면 평탄한 땅에 한 삼태기를 쏟아부었다고 하더라도 나아갔다면, 내가 나아간 것이다."

....

① 비譬 : 비유하다.
② 지止 : 멈추다.
③ 왕往 : 가다.

중국 고대에는 종종 성 옆에 산을 쌓아서 방어하는 전술을 사용했습니다.

'**비여위산, 미성일궤**譬如爲山, 未成一簣', '**비유하자면 산을 쌓을 때 마지막 흙 한 삼태기가 부족해**'라는 건 산을 쌓을 때 흙 한 광주리가 부족한 상황이라는 것으로 산이 다 쌓아지지 않은 상태를 말합니다. 이처럼 흙 한 광주리가 부족한 상황에서 산을 쌓는 걸 중단하는 건 자발적으로 자신의 책임을 포기했다는 의미입니다. '**수복일궤**雖覆一簣', '**한 삼태기를 쏟아부었다고 하더라도**'라는 구절은 평지에 흙 한 광주리를 쏟아부은 것을 말합니다.

만약 우리의 인생이 산을 쌓는 것이라면 평지에 흙 한 광주리를 쏟아부은 건 목적을 향해 한 발자국 내디딘 것입니다. 여기서 계속 흙을 쌓아 산을 완성할지, 포기할지는 자신의 결정에 달려 있습니다.

옛말에 '아홉 길 높이의 산을 쌓는데 흙 한 삼태기가 모자라 일을 다 이루지 못하다爲山九仞, 功虧一簣'라는 말이 있습니다. 일을 거의 끝내놓은 상태에서 포기해 버린다는 의미로, 거의 목표에 도달했을 때 포기를 선택할 수도 있고, 아무것도 없는 상태에서 노력해 조금씩 나아가는 걸 선택할 수도 있는 것이지요.

후스 선생은 학문을 하는 건 '조금씩 나아가는 기쁨'이라고 말했습니다. 약간의 전진을 이룰 수 있다면 약간의 즐거움을 얻을 수 있습니다. 이처럼 모든 것은 자신의 선택에 달려있는 만큼 환경을 탓할 필요는 없는 겁니다. 하지만 우리는 노력하지 않고 환경을 탓하는 경우가 많습니다. 예를 들어서 우리는 무언가 배움이 필요하지만 무언가 핑계를 대야 할 때 이렇게 말합니다.

"배울 마음은 있지만 시간이 없어서 어쩔 수가 없다.", "배우고 싶지만 타고난 자질이 부족해서 하는 수 없다."

이렇게 우리는 수많은 변명과 수많은 이유를 들어 포기할 기회만 노리고 있습니다. 그러면서 마치 세상이 자신을 방해하는 것처럼 모든 걸 외부의 탓으로 돌립니다.

바로 이때 공자의 한마디가 무겁게 다가옵니다.

공자는 포기를 하든, 한 발자국 나아가든 모든 건 자신의 선택이니 탓할 수 없다고 하죠. 그렇다면 우리는 어째서 자신이 유일한 결정자라는 걸 의식하지 못하는 걸까요? 그건 책임으로 인한 스트레스를 받고 싶지 않기 때문입니다. 그래서 우리는 습관적으로 스트레스를 다른 사람에게 전가하죠. '이건 다 무엇무엇 때문이고, 내가 선택한 것이 절대 아니다. 내가 실패할 수밖에 없었던 건 다 그럴 만한 이유가 있기 때문이다.'라고 말이죠. 이렇게 혹시 모를 실패에 대비해 습관적으로 책임을 회피하는 것입니다.

예를 들어 자신이 원치 않음에도 아버지가 강요하는 전공을 공부한다고 생각해 봅시다. 이때 나는 당연히 '수동적 공격' 상태에 빠지게 됩니다. 때로는 일부러 실패해 그 실패와 고통을 이용해 아버지의 잘못을 증명하고 반항하려 합니다. 이럴 경우 내가 할 수 있는 말은 뻔합니다.

"어떻게 됐는지 보세요. 제가 이렇게 불행해졌잖아요. 그때 아버지가 저에게 이 전공을 강요하지 않았다면, 제가 이렇게 되지 않았을 거예요." 또는 성인이 되어 "그때 결혼을 강요하지 않았다면 제가 이혼할 이유도 없었을 거예요.", "고향으로 돌아오라고 하지만 않았으면 제가 이렇게 가난하게 살지도 않았을 거예요."와 같은 원망의 말을 던질 겁니다.

우리는 살면서 실패나 고통, 불만을 겪을 때마다 다른 사람의 탓으로 돌립니다. 하지만 우리가 살면서 내리는 모든 선택의 대부분은 자신이 선택의 권리를 포기하는 데서 비롯됩니다. 예를 들어서 아버지의 충고를 따라서 원치 않은 전공을 공부했다고 하더라도 이 선택의 주체는 자기 자신입니다. 아버지의 말씀을 따를 것이냐, 실패하더라도 내가 원하는 길을 갈 것이냐 역시 내가 선택할 수 있기 때문이죠. 아버지의 말씀을 따랐어도 이 역시 본인이 책임져야 합니다. 스스로 집안의 화목을 지키기 위해서, 가정을 위해서 희생하는 걸 선택했기 때문입니다.

그러니 우리는 자신의 선택권을 포기해서는 안 됩니다. 인생이 얼마나 불만족스럽든 얼마나 고통스럽든 다른 사람이 자신에게 어떤 상처를 주었든 이 모든 건 자신이 선택한 결과라는 걸 알아야 합니다. 자기 인생의 유일한 책임자는 '나 자신'이라는 걸 인지하고 받아들여야 비로소 인생의 갈림길 앞에서 자신에게 유리한 선택을 할 수 있습니다.

자신의 무지를 인정하는 사람에게는 희망이 있고,
자신이 모른다는 걸 인정하는 사람에게는 기회가 있으며,
자신이 부족하다는 걸 인정하고 모든 지식을 겸허히,
그리고 신중하게 대하는 사람에게는 성장할 기회가 있습니다.

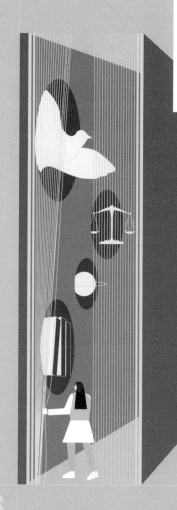

3장

공자가
들려주는
톱클래스 전략

멀티형 인재들이 추구하는
공부의 본질

자왈子曰 "제자弟子, 입즉효入則孝, 출즉제出則弟, 근이신謹而信, 범애중
① 汎愛衆, 이친인而親仁. 행유여력② 行有餘力, 즉이학문則以學文."

공자가 말하길, "젊은 사람은 집에 들어가면 부모님께 효도하
고 밖에 나가면 윗사람을 공경하며 언행을 삼가고, 널리 여러
사람을 사랑하고 인을 가까이해야 한다. 이렇게 하고도 남는
힘이 있으면 그 힘으로 글을 배우는 법이다."

---

① 범애중汎愛衆 : 널리 여러 사람을 사랑하다.
② 여력餘力 : 남는 힘.

여기에서 '제자'는 젊은 청년이거나 여러분처럼 학생일 수도 있고 공부를 준비하는 이들일 수 있습니다. **'입즉효**入則孝**'**는 **'집에 있을 때 부모님께 효도해야 한다'**는 것으로 부모님과 함께 생활하면서 자신을 수련하는 걸 말합니다.

힘겹게 산을 넘고 물을 건너 먼 길을 돌아 사찰에 와서 불공을 드리는 한 젊은이가 있었습니다. 스님이 그에게 물었습니다.

"어째서 이렇게 먼 곳까지 와서 불공을 드리는 것입니까? 부처는 바로 당신 집에 계십니다."

젊은이가 무슨 뚱딴지같은 소리를 하냐는 얼굴로 대답했습니다.

"저희 집에는 불당도 없고 부처도 안 계십니다."

그러자 스님이 말했습니다.

> "당신이 기도를 드리는 곳이 바로 불당입니다. 부모님을 잘 섬기
> 도록 하세요. 그것이 바로 부처님을 섬기는 일입니다."

'효'는 언뜻 생각하기에는 매우 추상적이고 실천하기 힘들 것 같지만 사실 일상의 사소한 것부터 시작해 볼 수 있습니다. 사실 가끔 부모님의 꾸중이 버겁게 느껴질 때가 있을 겁

니다. '숙제부터 해라'는 잔소리부터 시작해 스마트폰 보는 시간을 감시하는가 하면 시험 성적이 나쁘면 혼을 냅니다. 대체 왜 그러실까요? 여러분이 건강하고 올바르게 성장하길 바라는 마음에서 그러시는 겁니다. 이 세상에 작정하고 자녀를 괴롭히려는 부모는 없습니다. 그들의 감시와 잔소리는 모두 여러분을 향한 사랑에서 비롯한 것입니다. 그렇기 때문에 집에서는 부모님의 말씀을 귀담아듣고 가르침대로 성장할 수 있도록 노력해야 합니다. 가끔 부모님과 의견이 다르면 바로바로 대화를 통해 생각을 나누고 소통해야 합니다. '효'는 모든 공부의 시작입니다.

이어서 **'출즉제'**出則弟에 관해 살펴볼까요? 중국에는 '집에서는 부모에게, 밖에서는 친구에게 의지한다'는 속담이 있습니다. 대인관계와 친구의 중요성을 강조한 속담이지요. '출즉제'란 지금의 학교에서, 혹은 장래에 여러분이 사회에 나가 대인관계를 맺을 때 타인을 여러분의 형제자매처럼 진심으로 아끼고 위하며, 소통하고 존중해야 한다는 의미입니다. 또 그들이 어려움을 만나면 기꺼이 손을 내미는 것이지요.

'근이신'謹而信에서 **'근'**謹은 함부로 말하지 않는 것, 다시 말해 **'말조심을 해야 한다'**는 뜻입니다. 빈말은 되도록 적게 하고 자신을 높이는 말은 최대한 줄이는 것이 좋습니다. '**신**信'은 '**정직하고 성실하게 행동하며, 말한 것은 그대로 실천한다**'는 의미입니다.

'**범애중**汎愛衆, **이친인**而親仁'은 '**사람들을 더 많이 사랑하고 품행이 바른 사람과 가까이하며 성품이 올곧은 사람과 친구를 사귀라**'는 뜻입니다.

우리가 이 세상을 사랑하는 것은 일종의 능력과도 같습니다. 아름다운 꽃과 나무, 귀엽고 사랑스러운 동물들을 소중히 여기고 주변 사람들에게 관심을 기울여 보세요. 친구가 어려움에 처했다면 능력껏 도움을 주세요. 여러분의 그 순수하고 맑은 눈으로 삶에 주어진 아름다운 것들을 더 많이 발견하도록 노력해 보세요.

어른이 되어가면서 마음이 괴팍해지고 점점 이기적으로 변하는 사람들이 많습니다. 그들은 타인에게는 관심이 없고 오로지 자신만 사랑하며 이해관계에만 집중합니다. 하지만 이기적이고 남을 사랑할 줄 모르는 사람의 삶은 대단히 고통스럽고 외롭습니다.

오로지 자기 가족만 위하는 사람도 있습니다. 가족 외에 다른 사람에게는 인색하고 모질게 대하는 사람들입니다. 그러나 이들의 삶도 고달픈 건 마찬가지입니다. 더 많은 사람을 사랑하고 그들의 감정을 고려하고 동삼하는 것이 바로 '큰 사랑'입니다. 그런 사람이야말로 진정으로 위대한 사람이지요.

문화학자 남회근 선생의 『논어별재』에는 그가 청두에 있던 시절 원환산이라는 대거사[3]와 친구를 맺은 일화가 나옵니다. 원환산에게는 장봉지라는 스승이 있었는데 하루는 원환산이 장봉지 선생의 아들을 만나 이야기를 나누었습니다.

"스승님은 정말 대단하신 분인 것 같습니다. 아드님이 보기에 스승님이 일반 사람들과 다른 점은 무엇이라 생각합니까?

그러자 장봉지 선생의 아들은 이렇게 대답했습니다.

"사실 아버지는 일반 사람들과 다를 게 없습니다. 다만 두 가지를 할 수 있으실 뿐이지요. 하나는 중생을 자신의 아들딸처럼 여긴다는 것이며, 다른 하나는 본인의 아들딸을 중생처럼 여기신다는 것입니다."

'중생을 자식처럼 여기는 것'이 바로 **'범애중**汎愛衆**'**입니다. 그러나 남회근 선생이 생각하기에 정말 대단한 일은 바로 두 번째, '자식을 중생처럼 여기는 것'이었습니다. 본인의 자녀와 가족을 중생과 똑같이 대한다는 것은 실로 아주 어려운 일이기 때문입니다. 이렇듯 타인에 대한 사랑과 세상을 향한 사랑은 개인의 인격에서 비롯합니다. 우리의 내면이 조금 더 완전한 인격에 다다라야만 나와 아무런 혈연관계가 없는 사람을 사랑할 능력이 생기는 것이지요.

공자가 말한 '**범애중**汎愛衆, **이친인**而親仁'은 일종의 마음 수련과도 같습니다. 우리는 여기서 '**인**仁'을 두 가지 의미로 해석할 수 있습니다. 하나는 '**밖으로 향하는 인**'으로 타인을 사랑하는 마음의 '범애중'이고, 다른 하나는 '안으로 향하는 인'으로 '나의 내면을 더 높고, 더 완전한 경지에 이르도록 하는 힘'입니다.

그러니 '**입즉효, 출즉제, 근이신, 범애중, 이친인**'은 차례대로 그 수련의 대상이 부모, 친구, 일, 그리고 자기 내면이라고 할 수 있습니다.

고대 중국에서는 유가를 배우고 싶은 학생은 먼저 정원 마당을 청소하는 일부터 시작했습니다. 그 과정에서 사람을 어떻게 대접해야 하는지, 어떻게 말을 건네야 하는지 알 수 있었기 때문입니다. 그렇게 2~3년이 지나야 비로소 경전을 읽을 수 있었지요.

마지막 '**행유여력**行有餘力, **즉이학문**則以學文'도 이러한 배경을 생각하면 이해하기 쉽습니다. 공자는 앞에서 말한 기본을 모두 지킨 다음 '**문**文'을 공부해야 한다고 말했습니다.

여기서 '문'이 문학이라고 생각하는 사람도 있고 '문자'라고 말하는 사람들도 있지만 저는 공자가 말한 '**문**^文'은 본질을 뜻하는 '**질**^質'과 대응하는 개념이라고 생각합니다.

공자는 제자들에게 '본질이 외관보다 앞서면 거칠고, 외관이 본질보다 앞서면 번지레하니, 본질과 외관이 잘 어우러져야 군자가 될 수 있다(子曰(자왈): "質勝文則野(질승문즉야), 文勝質則史(문승질즉사).")'라고 말했습니다. 다시 말해 '문'은 밖에서 보이는 외관을, '질'은 내면의 본질을 의미하는 것이죠.

이 이야기를 하다 보니 떠오르는 인물들이 있습니다. 바로 김용의 소설에 등장하는 홍칠공입니다. 그는 도를 오랫동안 행한 인물로 교양 있고 선량하며 지혜와 의협심이 넘치는 사람이었지만 행색이 남루했습니다. 또 남송 시대 승려 제공 역시 신의 경지에 오를 만큼 내면의 내공이 깊었으나 늘 찢어진 신발과 모자를 걸치고 다녔지요. 이런 사람들은 공자의 눈에는 '질승문즉야', 즉 본질이 외관보다 앞서서 거칠어 보였던 것입니다. 내면이 너무 뛰어난 나머지 외면에 전혀 신경을 쓰지 않으면 우악스럽고 사나워 보일 수 있다는 이야기입니다.

그렇다고 '문승질', 본질이 외관을 뛰어넘으면 김용 작품 속의 구양극처럼 교양 있게 부채를 부치며 준수한 귀공자 외모를 뽐내지만 내면은 보잘것없는 사람이 되는 것입니다.

'문생질즉사'에서 '사'는 허황되고 비실제적인 것을 의미합니다. 이것저것 공부는 많이 했는데 아무런 쓸모가 없는 것을 뜻하는 말입니다.

이렇듯 '문'과 '질'은 서로 상대되는 개념이므로 우리는 이 두 가지가 서로 조화를 이루는 사람이 되어야 합니다. 지식을 채우고 품행을 바르게 해서 내면의 힘을 키우는 동시에 좋은 생활 습관을 기르고 용모를 단정하게 가꿀 줄 알아야 진정한 '군자'가 되는 것입니다.

그러므로 **'행유여력, 즉이학문'**의 뜻은 **'일상 속에서 수련할 수 있는 것들을 모두 수련한 다음에 나머지 것들을 배워야 한다'**는 말로 풀이할 수 있습니다. 여기에는 밖으로 드러나는 예의범절과 의, 인 등이 포함됩니다.

구체적으로 무엇을 공부해야 하는지는 이미 공자가 여러 차례 언급한 바 있습니다. 그는 늘 배움의 목표와 배움의 내용을 강조했는데 사람은 '육예六藝'를 익혀야 하며『시경』을 공부해야 한다고 말한 것이 그 예입니다. 그는 이러한 것들을 잘 배우고 익혀야만 진정으로 학문을 갖춘 사람으로 성장할 수 있다고 했습니다.

위 구절에는 모든 사람이 배움을 통해 자신을 수련할 때 위와 같은 단계를 거쳐나가길 바라는 공자의 마음이 담겨 있습니다. 지금 당장 여러분이 할 수 있는 일이 많지 않다고 생각할 수 있습니다. 그렇다면 먼저 부모님과의 관계에서부터 시작해 보세요. 부모님께 최선을 다해 효도하고 친구들과의 관계를 원만하게 유지하세요. 그런 다음 앞으로 하고 싶은 일을 잘 계획하고 실천하며 여러분의 내면과 진실한 대화를 나눠보길 바랍니다. 그것이 바로 공자가 말한 배움의 경로입니다. 나아가 저는 더 많은 친구들이 '행유여력, 즉이문학'의 자세로 독서의 습관을 길러서 교과서 이외의 것에서 또 다른 아름다움을 많이 발견하고 그것을 추구하는 삶을 살 수 있길 바랍니다.

고대에 군자가 된다는 것은 단순히 문화나 지식만 공부해서는 되는 일이 아니었습니다.

소위 '육예'라는 것은 중국 주나라 때 귀족들이 배우던 여섯 가지 기능으로 여기에는 예禮·악樂·사射·어御·서書·수數가 포함되어 있었는데 군자가 되기 위해서는 이것을 모두 터득해야만 했습니다. 그렇다면 구체적으로 어떤 내용을 배웠을까요?

먼저 예禮에는 정치와 도덕, 생활 습관 등이 포함되었으며, 악樂에는 음악과 무용, 시 등이 포함되었습니다. 사射는 활쏘기를 가리키는 것이며, 어御는 말타기를 의미하는 것으로 특별히 전쟁에 사용되는 전차 모는 법을 배워야 했지요. 서書는 글자를 읽고 쓰는 것을 말했고, 수數에는 수학 등의 자연과학 기술이 포함되었습니다.

그러니 고대의 군자들이 집에만 틀어박혀서 책만 보았을 거라는 생각은 큰 착각입니다. 그들은 학문은 물론 악기와 무술, 심지어 운전까지 할 줄 아는 멀티형 인재였습니다.

시경時經,
사람의 마음을 움직이는 언어

자왈子曰 "시삼백①詩三百, 일언이폐②지一言以蔽之, 왈사무사曰思無邪."

공자가 말하길, "『시경』의 시 삼백 편을 한마디로 개괄한다면 순진무구하고 사악함이 없다고 하겠다."

....

① 시삼백詩三百: 『시경』에는 총 305편의 시가 수록되어 있는데 이를 간단히 3백 편으로 간추려 표현한 것.
② 폐蔽: 개괄하다.

『시경』은 고대 민간의 시집입니다. 원본은 민간에 각기 흩어져서 존재했는데 그 내용은 크게 「풍」, 「아」, 「송」 세 부분으로 구성되어 있습니다. 비록 의견이 분분하긴 하지만 현재 다수의 학자는 '공자가 가장 훌륭하다고 생각한 305편의 민요를 모아놓은 것이 『시경』'이라고 생각합니다.

공자는 『시경』의 3백 편을 한마디로 정리해 **사무사**思無邪라고 할 수 있다'고 했습니다. '사무사'를 '순수한 생각'으로 해석하는 사람도 있고 '사思'는 특별한 의미가 없는 발어사라고 보는 견해도 있습니다. 저는 개인적으로 '사무사'는 악의 없는 순진무구함을 가리키는 의미로 사용되었다는 데 마음이 더 기우는 편입니다.

인류 역사를 돌아보면, 동서양 문명의 역사는 닮은 점이 많습니다. 철학자 니체는 르네상스의 골자를 허례허식을 떨치고자 한 정신으로 보았습니다. 르네상스가 위대한 이유는 과거의 종교적 허례허식을 과감하게 버리고 사람들의 진실한 감정을 표출하기 시작했기 때문이라는 게 그의 생각이었습니다. 『시경』 역시 마찬가지로 당시 쓸데없는 겉치레를 벗겨내고 사람들의 감정을 진실하고 순수하게 담아내고 있습니다.

그렇다면 여기서 얘기하는 '순진무구함'이란 무엇일까요? 먼저 다음에 나오는 『시경』 속의 시를 읽어보면서 그 아름다움을 조금이나마 느껴보길 바랍니다.

지난날 내가 갔을 때^{昔我往矣}

수양버들 바람결에 흩날리더니^{楊柳依依}

지금 내가 돌아오는 길에 보니^{今我來思}

비와 눈보라가 하늘을 뒤덮었구나^{雨雪霏霏}

* 집을 나설 때는 봄바람에 버드나무 가지가 바람에 살랑거렸는데 지금 다시 돌아와서 보니 비와 눈이 내리는 겨울이 되었다.

아름다운 복사나무여^{桃之夭夭}

곱디고운 꽃이로세^{灼灼其華}

이 아가씨 시집가면^{之子于歸}

그 집안을 화목하게 하리라^{宜其室家}

* 만발한 복숭아꽃이 마치 불꽃처럼 화사하고 눈부시다. 복숭아꽃처럼 아리따운 이 아가씨가 곧 시집을 가려 하니 훌륭한 남편과 함께 웃으며 집에 돌아오리라.

우우하며 울부짖는 사슴들은^{呦呦鹿鳴}

들판의 풀을 뜯고 있구나!^{食野之苹}

어느 날 손님이 찾아온다면^{我有嘉賓}

거문고를 켜고 생황을 불리라^{鼓瑟吹笙}

*사슴이 우우 울부짖으면서 다른 사슴을 불러내 함께 들판의 쑥을 뜯어 먹는다. 만일 내게 손님이 오신다면 나는 거문고를 켜고 피리를 불며 성대하게 맞이할 것이다.

구욱구욱 물수리가^{關關雎鳩}

강 가운데서 우네^{在河之洲}

아리따운 아가씨는^{窈窕淑女}

군자의 좋은 배필이라^{君子好逑}

*구욱구욱 지저귀는 물수리 새들이 강가에서 어울려 놀고 있다. 저 아름답고 현숙한 여인이야말로 군자의 배필이리라.

위의 시들을 읽고 있으면 마음이 편안해집니다. 자연의 따사롭고 부드러운 공기와 햇살 속에서 위로받는 느낌이 들기 때문이지요.

그런데 공자는 왜 『시경』을 '사무사^{思無邪}'라고 정리했을까요?

저는『시경』이 사람의 '합리적인 감정과 욕망'을 노래했기 때문이라고 생각합니다. '합리적인 감정과 욕망'이란 공자가 말했던 '락이불음, 애이불상樂而不淫, 哀而不傷'입니다. '락이불음'이란 '즐거워하되 지나치지 않는다'는 뜻으로 너무나 즐거운 나머지 예법을 상실하고 방탕하지 않는다는 말입니다. '애이불상'은 '슬픔을 입어도 마음에 분노나 원한을 품지 않고 자신이나 타인에게 큰 상처를 주지 않는다'는 뜻이지요.

이러한 '합리적인 감정과 욕망'을 바로 **'무사**無邪'로 표현한 것입니다. 다시 말해『시경』은 방탕하거나 지나치지 않고 삶의 희로애락을 절제 있게 표현하며, 인생의 고통과 무료함을 슬기롭게 피해 간다는 뜻입니다.

감정과 욕망의 '합리성'을 강조한 이유는 무엇일까요? 예를 들어 우리가 사람의 감정을 더 과감하고 철저하게 표현하기 위해 조금 더 자극적이고 신랄한 단어를 사용한다거나 대중의 관심을 모으기 위해 다소 노골적이고 폭력적인 표현을 사용한다면 진정한 아름다움을 상실하게 될 것입니다. 마치 막장드라마처럼 과장된 스토리와 배우들의 연기가 때때로 시청자들에게 거부감을 주는 것처럼 말입니다.

공자는 중용과 조화, 적절함을 중요하게 생각했습니다. 그는 과하게 짜거나 달지 않은, '집밥'처럼 심심한 요리를 더 좋아했습니다.

『시경』은 서민의 마음의 소리를 기록한 것으로 가장 먼저는 밭에서 일하던 사람들이 자신의 상황과 마음의 이야기에 곡조를 붙여 노래한 것에서 비롯되었습니다. 그래서 과하지도 덜하지도 않은, 딱 그만큼의 아름다움이 느껴지는 겁니다.

재미있는 사실은『시경』을 많이 읽은 사람일수록 대화를 나눌 때 상대의 생각을 잘 읽어 마음을 감동시키는 말을 잘 할 수 있다는 것입니다. 여러분도 공부를 하다 마음이 어지럽고 심란할 때 한 편의 시를 읽어보기 바랍니다. 꼭『시경』이 아니라도 좋습니다. 그 짧은 싯구들은 잠시 쉬었다 갈 수 있는 작고 편안한 의자에 앉아 조그맣게 읊조리는 친구의 이야기처럼 들릴 겁니다. 교과서를 달달 외고 문제집을 푸는 것만이 공부가 아닙니다. 음율 같은 언어의 조합은 때로는 그 어떤 공부보다 심오하고 아름답기도 합니다.

중국 고대 시의 유래라고 할 수 있는 『시경』은 서나라 초기부터 춘추 중엽(기원전 11세기~기원전 6세기)까지의 시를 수록한 책입니다. 내용은 크게 「풍」, 「아」, 「송」 세 부분으로 나뉩니다. 「풍」은 주 나라 각 지역의 민요를 담은 것이며, 「아」는 주왕성^{周王城} 지역의 정식 음악을 모은 것으로 이것은 다시 '소아'와 '대아'로 나뉩니다. 「송」은 주 왕조와 귀족들의 종묘 제사에 사용되던 음악을 담은 것으로 각각 '주송'과 '노송', '상송'으로 구분할 수 있습니다.

『시경』에는 고대인들의 노동과 사랑, 전쟁과 노역, 압박과 반항, 풍속과 혼례 및 동식물 등 다양한 내용이 풍부하게 담겨 있어 당시 생활상을 엿볼 수 있는 중요한 기록물로 전해지고 있습니다.

충격으로 더 단단해지는
안티프래질형 인간이 돼라

자왈子曰 "군자불기①君子不器"

공자가 말하길, "군자는 기물이 아니다."

---

① 기器: 그릇, 식기(오로지 하나의 용도로만 사용되는 물건).

이번에 공자는 딱 네 글자로 가르침을 주고자 했습니다.
"군자불기君子不器**", "군자는 기물이 아니다."**

혹시 여러분은 이 뜻이 무언인지 한 번에 정확히 알아들었
나요? 이 구절을 이해하기 전에 먼저 여러분에게 나심 니콜라
스 탈레브의 『안티프래질』이라는 책을 소개할까 합니다.

안티프래질은 '깨시기 쉬운'이라는 프래질^{fragile}에 반대를 뜻하는 안티^{anti}를 붙여 만든 저자의 신조어로 '충격을 받으면 더 단단해진다'는 의미를 가집니다. 저자는 이 세상은 수많은 자연재해와 사건 사고 등의 불확실성으로 가득하지만, 그것은 예측이 불가하고 결코 피해 가기 어렵다고 말합니다. 그는 이러한 불확실성에 잘 대응하려면 리스크 대응 능력, 즉 '안티프래질'의 특성을 길러야 한다고 주장하지요.

공자는 군자가 일단 무언가를 담아내는 '그릇'이 되면 깨지기 쉽다고 보았습니다. 아무리 단단한 그릇이라도 바닥에 내던지면 쉽게 깨지기 때문입니다.

그런데 군자가 그릇이 된다는 건 무슨 의미일까요? 간혹 공부를 잘하는 친구 중에 이런 생각을 하는 친구들이 있습니다. '난 공부 외에 다른 일에는 아무 관심이 없어.'

공부를 열심히 하는 건 당연히 좋은 일입니다. 하지만 자신은 오로지 '공부만' 하는 사람이라고 정의를 내려버리면 '바깥세상 일에는 귀를 기울이지 않고 글만 읽는兩耳 不聞窗外事, 一心只讀聖賢書(두 귀로 창밖의 일을 듣지 않고, 오로지 한 마음으로 성현의 책을 읽는다)' 사람이 될 수 있습니다. 그러니까 공부 말고는 집안일에도, 학급 일에도 아무런 관심이 없는 것이죠. 그러면 그만큼 자신을 단련하고 성장할 소중한 기회들을 잃고 맙니다. 그러나 우리 사회는 한 가지만 할 줄 아는 사람이 아닌 여러 방면에 두루 능통하고 다재다능한 인재를 필요로 합니다.

제가 예전에 북미에서 공부하던 시절, 한 기업의 트럭 기사들이 집단으로 파업에 나선 일이 있었습니다. 회사에서 무인 주행 차량을 대량으로 구매하면서 기사들이 자연스레 일자리를 잃었기 때문이었죠. 무인 주행 차량은 사고율을 줄이고 인건비를 절감할 수 있기 때문에 미래 산업에 많이 사용되는 추세입니다. 그러나 한평생 트럭만 몰며 살아온 기사들은 한순간에 실업자로 몰리게 된 상황을 쉽게 인정하지 못했습니다. 이것이 바로 '군자기지君子器之'입니다. 어떤 한 가지 고정적인 상황에서 특정 기능만을 가지고 한평생을 살아가는 걸 의미하죠.

공자는 사람은 여러 방면에서 두루 재능을 갖춘 인재가 되어야 한다고 가르쳤습니다. 그런데 그게 정말 가능할까요? 물론 당연히 가능합니다. 이를 위해 본인의 잠재력을 발굴해 계발해야 하는데 그것이 바로 우리가 가진 능력임을 공자는 늘 강조했습니다. 그렇게 여러 방면에서 자신을 계발하고 성장시킬 때 비로소 사람은 더 단단해지며 수많은 불확실성에서 자유로울 수 있습니다.

공사는 어떤 사람이었을까요? 정치인이었을까요? 만일 그랬다면 그의 삶은 실패입니다. 그렇다면 교사였나요? 만일 그가 자신을 그렇게 정의했다면 왜 그토록 많은 정치 활동에 참여했던 것일까요? 공자는 한 번도 자신을 어떤 하나의 고정된 카테고리에 분류해 교사나 정치인으로 규정하지 않았습니다.

또 공자는 **"군자는 하늘을 원망하지도, 사람을 탓하지도 않으며 아래로는 사람의 일을 배운다**不怨天, 不尤人, 下學而上達**"**라고 말하는 사람이었습니다. 그는 무슨 일이 발생해도 언제나 그것에 대응할 방법이 있는 사람이었고, 늘 풍부한 선택의 길이 존재하는 세상 속에 산, '안티프래질'형 인간이었습니다.

여러분도 교과서 안의 지식을 공부하는 데만 집중하지 않았으면 합니다. 공개 스피치나 교외활동, 악기 연주나 스포츠 행사 등 여러 방면에서 활동하면서 기능을 익혀 보세요. **'바람소리, 빗소리, 책 읽는 소리, 모든 소리가 귀에 들리고 집안일, 나랏일, 천하의 일, 모든 일에 관심을 기울이는**風聲雨聲讀書聲聲聲入耳, 家事國事天下事事事關心**'** 사람이 되어 보는 겁니다.

'안티프래질'을 실천하고 싶다면 용도가 뻔한 '그릇'이 되지 않아야 합니다. 어떤 일이든 자신감을 갖고 활력과 생동감이 넘치는 에너지를 보이며, 무엇이든 배우는 자세로 살아야 하는 것이지요.

『안티프래질』외에 '군자불기'와 맥락을 같이 하는 또 한 권의 책이 있습니다. 제임스 P. 카스의 『유한 게임과 무한 게임』입니다. 이 책의 저자는 사람은 '무한 게임'의 플레이어처럼 살아야 한다고 주장합니다. 잘 짜인 각본대로 사는 뻔한 삶은 지양하는 것입니다. '잘 짜인 각본의 삶'이란 다른 사람이 짜 놓은 계획에 따라 그들이 정한 규칙을 지키며, 그들의 매뉴얼에 따라 플레이하는 걸 말합니다. 하지만 '무한 게임'의 플레이어들은 시나리오를 스스로 써 내려갑니다. 자신이 하고 싶은 걸 하고 본인의 꿈을 무한한 영역에서 펼쳐나가는 것이죠.

또 다른 많은 작가의 작품을 통해서도 공자의 '군자불기' 정신을 찾아볼 수 있습니다. 러시아 작가 안톤 체호프의 단편 소설 『어느 관리의 죽음』에 등장하는 주인공은 상사가 자신을 싫어한다고 오해한 나머지 긴장과 스트레스가 극에 달해 결국 죽음을 맞이하게 됩니다. 그는 자신이 보잘것없는 하찮은 회계원에 지나지 않는다고 여기고 자신에게는 아무런 재능이나 잠재력이 없다고 생각했던 겁니다.

저는 이 책을 읽는 모든 독자가 '군자불기'를 마음에 새길 수 있길 바랍니다. 지금은 평범한 학생일지라도 머지않은 미래에 누군가는 기업의 CEO가 될 수도 있고 소설을 쓰는 작가가 될 수도 있습니다. 학문을 공부하는 학자가 될 수도 있을 겁니다. 어쨌든 모든 가능성은 열려 있습니다.

나 자신과 타인의 삶에 대해 기발한 상상을 해 보세요. 인생을 조금 더 다양한 각도에서 바라보고 본인에게 더 많은 선택의 기회를 주도록 하세요. 여러분의 인생에 더 많은 가능성을 부여해 보세요. 참고로 '군자불기'는 제 인생의 좌우명이기도 합니다. 여러분에게도 뜻깊은 의미로 다가올 수 있으면 좋겠습니다.

춘추 시대 오나라와 월나라 사이에는 싸움이 잦았습니다. 월왕 구
천이 전쟁에서 패하면서 땔나무 위에 누워 쓸개를 맛보며 복수를
준비했다는 뜻의 '와신상담臥薪嘗膽'이라는 성어가 여기서 비롯하기도
했습니다. 하지만 여기서는 구천이 아닌 그의 주변 인물 가운데 매
우 중요한 역할을 했던 신하 범려에 관해 이야기해 볼까 합니다.

당시 월왕에게는 두 명의 중요한 신하, 범려와 문종이 있었습니다.
그들은 월왕이 나라를 잘 다스릴 수 있도록 최선을 다해 도왔으며
병력을 충원해 마침내 월왕이 오나라와의 전쟁에서 승리할 수 있
도록 이끈 주역이었습니다.

그러면 당연히 범려와 문종에게 큰 상이 내려지고 명성을 얻어 풍
요롭고 부유한 삶을 살았을 거라고 생각하겠지만 그렇지 않았습니
다. 문종은 월왕 곁에 남았으나 범려는 자신의 주군을 주인공으로
만들고는 홀연히 월나라를 떠나 제나라로 갔습니다. 훗날 그가 문
종에게 보낸 비밀 서신에는 이런 내용이 담겨 있었다고 합니다.

'화살을 다 쏜 활은 부러뜨리고, 사냥이 끝난 사냥개는 버리는 법입
니다. 월왕 구천은 환난은 나눌 줄 알지만, 기쁨은 나눌 줄 모르는
인물이니 하루빨리 그의 곁을 떠나십시오.'

그러나 관직에 미련을 버리지 못한 문종은 범려의 충고를 무시했
다가 결국 압박에 못 이겨 자결하게 됩니다.

그 후로 몇 년이 흘러 사람들은 거부巨富 도주공이라는 이름을 듣게

됩니다. 범려의 또 다른 이름이었죠. 이는 그의 정치적인 생애가 끝나고 상인으로서 엄청난 성공을 거두어 천하에 이름을 알리게 되었다는 의미이기도 했습니다.

범려는 바로 공자가 말한 '군자불기'를 실제로 살아낸 사람이었습니다. 그는 인생에 충만한 가능성을 여유 있게 활용하며 다채로운 삶을 살아낸 인물이었습니다.

아름다운 꿈이
아름다운 사람을 만든다

자왈子曰 "구①지어인의苟志於仁矣, 무악②야無惡也."

공자가 말하길, "참으로 인에 뜻을 둔다면 악한 짓을 하지 않
는다."

---

① 구苟 : 진실로, 참으로.
② 악惡 : 악하다.

'**무악야**無惡也'에서 '**악**惡'이라는 한자는 '악할 악'과 '미워할 오',
두 가지 독음을 가지고 있는데 그 뜻은 큰 차이를 보입니다.

먼저 '**구지어인의, 무악야**'로 읽는다면 '**마음을 다해 인**'을

좋으면 악한 짓을 저지르지 않는다'는 뜻으로 해석할 수 있습니다. 다시 말해 인을 추구하는 사람이라면 정신적으로 높은 수준의 사람이기에 그 마음 상태와 정신을 유지한다면 악한 길로 빠지지 않는다는 의미입니다.

두 번째 독음을 사용해 **'구지어인의, 무오야'**로 읽는다면 뜻이 달라집니다. **'인과 덕을 추구하는 사람은 다른 사람들에게 미움을 받지 않는다'**는 의미로 해석할 수 있습니다.

저는 개인적으로 첫 번째 '악'의 독음을 적용하는 걸 추천합니다. 물론 제 생각에 반대하는 사람도 있을 수 있습니다. 『논어』의 해석에 관해서는 여러 시각과 파벌이 존재하기 때문입니다.

미국 역사학자 존 루이스 개디스가 쓴 『냉전의 역사』에는 링컨에 관한 이야기가 나옵니다. 링컨은 늘 무슨 일을 할 때 큰 방향을 정해놓고 그 안에서 움직였습니다. 그가 추구한 큰 방향은 평등과 흑인 노예의 해방이었습니다.

이것이 바로 '인에 뜻을 둔 구지어인'입니다. 이러한 위대한 정신이 바탕이 되었기 때문에 그는 무슨 일을 하든지 융통성을 발휘할 수 있었습니다. 가령 링컨은 무조건 노예해방을 외치며 노예제에 대해 부정적인 의견을 보였다고 생각하는 사람들이 많은데 사실 그는 때에 따라서는 노예 제도를 보호하는 편에 서기도 했습니다. 이러한 임기응변 없이는 미국이 분열을 맞게 될 거라는 판단에서였습니다. 물론 그도 잘못된 결정을 내릴 때가 있었습니다. 그러나 그럴 때마다 그는 또 다른 해답을 찾기 위해 다른 길로 돌아가곤 했습니다.

공자가 보기에 **'지어인**志於仁**'**, 즉 **'인을 추구하는 사람'**은 설령 잘못된 일을 해도 그것이 악한 것이 아니었습니다. 그런 사람에게는 위대한 목표가 있었기 때문입니다.

과거에 링컨이 했던 말이 이러한 정신을 잘 대변해 준다고 생각합니다.

> "나침반은 정북의 방향을 가리켜주지요. 그러나 그 길에 있는 늪, 사막과 협곡을 알려주지 않아요. 그러니 우리는 스스로 늪을 돌아가고 함정을 피해 가야 합니다. 때로는 먼 길을 돌아가야 할 때도 있지요. 하지만 우리는 압니다. 결국에는 남쪽으로 가야 한다는 사실을요. 이것이 바로 나침반을 활용해 함께 길을 찾아가는 방법입니다."

공자의 시대에는 상대가 나쁜 사람인지 착한 사람인지 분간해내기가 쉽지 않았습니다. 모두가 전통대로 살고 있었기 때문이죠. 공자가 자주 언급했던 천하제일의 제상이라고 불리는 관중이나 안영 같은 사람들도 사실 좋은 사람인지 나쁜 사람인지에 관해 우리가 정확하게 평가하기는 어렵습니다.

이 구절을 통해 공자가 말하고 싶었던 것은 마음에 확고한 의지가 있고 방향을 제대로 잡은 사람은 특별히 악한 짓을 하지 않는다는 점입니다. 작은 일에 있어서는 실수를 할 수도 있지만 그렇다고 해서 그것의 옳고 그름을 판단하기는 어렵습니다. 하지만 시간을 길게 보고 그 사람이 왜 그런 일을 했는지, 그가 추구하는 방향은 무엇이었는지를 따져보면 조금 더 쉽게 구별할 수 있습니다.

이 구절이 우리에게 주는 교훈은 마음속에 큰 의지를 품는 것이 매우 중요하다는 점입니다. 여러분도 지금부터 마음속에 하고자 하는 뜻과 의지를 품도록 하세요. 과학자가 되겠다거나 환경을 보호하겠다거나 명문 대학에 들어가겠다거나 하는 등의 '커다란 틀' 말입니다. 그것을 바탕으로 모든 방면에서 '인'이라는 목표를 실현하기 위해 노력하면 됩니다.

『중국 유가 3천 년』이라는 책에는 유가가 중국에서 어떤 발전 과정을 거쳤는지 상세히 소개되어 있습니다.

한 왕조는 왜 모든 사상을 다 폐지하고 오로지 '유가 사상'만을 따르도록 했던 것일까요? 이것을 설명하려면 먼저 진나라의 멸망을 얘기해야 합니다. 진시황이 나라를 통일한 후 그 세력은 날이 갈수록 막강해졌습니다. 그는 자신의 왕조가 영원할 것이라고 믿었죠. 그런데 백성을 단결시키고 더 안정적인 나라를 만들어야겠다는 생각이 엉뚱하게도 유가로 옮겨가 유가를 탄압하기 시작했습니다. 결국 그와 관련한 학자들을 생매장하고 서적을 불태우는 '분서갱유焚書坑儒' 사건이 발생하기까지에 이르렀습니다.

진나라는 법가사상으로 천하를 통일하고자 했지만 결국 2세 황제 때 멸망하고 말았습니다. 한나라가 진나라를 이어받은 후 유방을 위시한 한나라 황제와 대신들은 그토록 강대했던 진나라가 강력한 법가사상으로 나라를 통치했음에도 멸망했던 이유가 무엇인지를 진지하게 고민했습니다.

그들은 결국 법가사상은 '주먹'에 의지해 모든 것을 끊임없는 정벌로 다스렸다는 걸 깨달았습니다. 그러나 국가를 다스림에 있어서는 무력뿐 아니라 인과 의, 예가 필요하다는 걸 알게 되었습니다. 그래서 진 이후의 모든 사상을 폐지하고 오로지 유가만을 받들고 따르도록 한 것이었습니다.

배움을 진정으로 좋아하는 사람의
인생은 한계가 없다

자왈^{子曰} "십실지읍^{十室之邑}, 필유충신여구①자언②^{必有忠信如丘者焉}, 불여구지호학야^{不如丘之好學也}."

공자가 말하길, "열 가구 마을이면 반드시 그곳에 충성과 믿음이 나만 한 사람이 있을 것이나 나처럼 배움을 좋아하지는 못할 것이다."

---

① 구^丘: 공자가 이름으로 자신을 지칭한 것.
② 언^焉: 어시^{於是}와 같으며 시^是는 십실지읍^{十室之邑}을 가리키는 지시 대사.

'십실지읍^{十室之邑}**'이란 대략 '열 가구가 모여 사는 작은 마을'**

을 의미합니다. 공자는 이러한 범위 안에서는 반드시 본인처럼 충성과 믿음이 있는 사람을 찾을 수 있을 거라고 말합니다. **'필유충신여구자언**必有忠信如丘者焉**'란 '작은 마을에서도 충성과 믿음이 있는 사람은 많이 찾을 수 있지만 정말로 배움을 좋아하는 사람은 적을 것이다'**라는 말입니다. 그래서 그는 **'불여구지호학야**不如丘之好學也**, '나처럼 배우는 걸 좋아하지는 않을 것이다.'**라는 말을 덧붙였습니다.

공자가 자화자찬한 것일까요? 그는 어째서 자신이 그토록 배움을 좋아한다고 자부했던 것일까요? 먼저 우리가 알아야 할 점은 공자는 단 한 번도 자기 자신을 추켜세우거나 자랑한 적 없는 성인이라는 사실입니다. 심지어 그는 자신이 중용의 정신이나 인을 추구하는 사람이라고 말한 적이 없습니다. 그는 아주 겸손한 사람이었습니다. 그렇지만 자신이 배움을 좋아한다는 말은 자주 했습니다. '낮고 쉬운 것을 배워 깊고 어려운 것을 깨닫는다下學而上達'고 했던 것이나 '영민하여 배우기를 좋아하며 아랫사람에게 묻기를 부끄러워하지 않는다敏而好學, 不恥下問'고 한 것 등이 그 예입니다.

그는 이 구절을 통해 자신의 배움을 자랑한 것이 아니라 '모든 사람은 배울 수 있고 배움을 좋아할 수 있다'는 사실을 강조하려 했습니다. 배움을 좋아하는 것은 일종의 과정이지 결까기 아닙니다. 그가 배움을 좋아하는 사람이라고 자부했던 이유는 모르는 게 있으면 언제든 물어보았고 그것을 전혀 부끄럽게 생각하지 않았기 때문입니다. 다시 말해 자신이 높은 경지에 올랐다고 으스대려고 했던 것이 아니라 사람들에게 배움은 정말 쉬운 일이며 누구든 할 수 있다는 것을 강조하려고 했던 것이지요.

그가 '십실지읍, 필유충신여구자언', 즉 '열 가구 마을이면 반드시 그곳에 충성과 믿음이 나만한 사람이 있을 것이다'라고 말한 이유는 그가 보기에 충성과 신뢰는 그다지 높은 경지의 정신이 아니었기 때문입니다. 성실하고 착실하게 살아가는 사람이라면 누구든 충성스럽고 신뢰도가 높은 사람이라고 할 수 있습니다. 그런데도 그들의 삶에 큰 변화가 나타나지 않는 이유는 게으른 면이 있기 때문입니다. 예를 들어볼까요? 정말 부지런하게 매일 새벽같이 일어나 온종일 허리 한 번 펴지 않고 뙤약볕 아래서 열심히 농사를 짓는 사람일지라도 배움을 싫어하고 머리를 쓰지 않으면 변화를 꿈꾸기 어렵습니다. 배우고 머리를 써서 변화를 시도하는 것은 내 인격에 대한 일종의 도전과도 같습니다.

그렇다면 사람은 어떤 상황에서 배우고자 할까요? 자신에 대해 만족스럽지 못할 때, 자신의 상황을 바꾸고 싶을 때 비로소 배우기 시작합니다. '해 뜨면 일하고, 해지면 쉬고, 밭 갈아 먹고, 우물 파서 마시니 황제의 힘이 내게 무슨 소용이냐 日出而作, 日入而息。鑿井而飮, 耕田而食。帝力于我何有哉!'고 생각하는 사람은 현실에 안주해서 자신의 부족함을 보지 못하기 때문에 무언가를 배워야겠다는 동기가 생기지 않습니다.

공부도 마찬가지입니다. 성실하고 착실하며 수업 시간에 적극적인 친구들은 매번 필기도 열심히 하고 연습문제를 많이 풀어서 시험에서 기계처럼 정답을 잘 찾아냅니다. 그러나 그들은 자아 성찰이나 자기비판은 하지 않습니다. 능동적으로 사고하지도 않습니다. 이는 '전술적 근면함'으로 '전략적 게으름'을 덮는 것과도 같습니다. 그러면 결국 배움을 좋아하지 않는 '불호학'의 함정에 빠져 제자리걸음뿐인 사람이 되는 겁니다.

공자가 **'불여구지호학야', '나처럼 배움을 좋아하지는 못할 것이다.'**라고 말한 것은 자화자찬이 아니라 배움에 대한 자신의 의지와 공부를 좋아하는 마음을 나타낸 것입니다.

어떤 사람들은 공자가 살았던 시대에는 농민으로 태어난 사람은 배움의 기회가 전혀 없었고 공자처럼 학식 있는 사람이 드물었기 때문에 배움의 중요성을 깨닫기 힘들었을 거라고 말합니다. 그렇다면 바꿔서 생각해 봅시다. 조건과 환경이 훨씬 더 좋아진 지금, 우리는 배움을 즐겨하고 좋아하나요? 사실 현대인들이 더 많은 시간을 투자해 열심히 배우고 노력하는 것처럼 보이지만 어쩌면 그것은 스펙을 늘리기 위해서, 혹은 남들이 하니까 따라서 하는 것일 수도 있습니다. 이는 진정으로 배움을 좋아하는 것이라고 할 수 없습니다. 남이 하니까 따라서 하는 식의 공부도 결국에는 스스로 생각하길 꺼리는 일종의 '게으름'입니다.

정말로 배움을 좋아하는 사람은 공자처럼 어떤 문제를 만났을 때 능동적으로 생각하고 호기심을 품으며 더 알고 싶은 지적 욕구를 발산시킵니다. '배우고 제때 익히면 기쁘지 아니한가學而時習之, 不亦說乎'의 마음이 생기는 것이죠. 성적이 좋다고 배움을 좋아하는 게 아닙니다. '기뻐하고' '즐겁지 아니한가'의 마음을 품어야 진정으로 배움을 즐기는 사람이 되는 겁니다.

예전에 시아롱포칸부가 자신의 저서를 소개하는 자리에서 누군가 저자에게 이런 질문을 던졌습니다.

"저는 불법을 공부했느냐 아니냐는 그리 중요하지 않은 것 같습니다. 그저 내가 좋은 사람이 되면 그걸로 충분한 거 아닐까요?"

언뜻 듣기에는 꽤 일리 있는 것 같아 보였는데 저자는 이렇게 대답했습니다.

> "네, 맞습니다. 좋은 사람이 된다는 건 매우 훌륭한 일이지요. 그러나 먼저 좋은 사람이 무엇인가에 관해 배우고 그 기준을 정립해야 합니다. 보통 우리가 스스로 좋은 사람이라고 생각하고 있을 때는 착각인 경우가 많습니다."

저는 이것이 배우는 사람과 그렇지 않은 사람의 차이를 잘 설명해 주는 말이라고 생각합니다. 배우지 않으면 좋은 사람이 될 자격조차 얻지 못합니다. 대체 좋은 사람이 뭔지 잘 모르기 때문입니다.

이 구절에는 공자가 배움에 대한 의미와 그 중요성을 알려주기 위해 고심한 흔적이 그대로 드러나 있습니다. 그는 이 가르침을 통해 우리가 인생에 충만한 호기심을 품고 노력하고 배워서 자기를 변화시키길 진심으로 바랐습니다.

춘추 시대의 행정 구역은 다음의 몇 가지로 나누었습니다.

* 읍^邑: 주민이 거주하는 모든 곳을 일컫는 말로 귀족들이 거주하는 곳

　　은 '대읍', 일반 백성들이 거주하는 곳은 '소읍'이라 했습니다.

* 도^都: 종묘를 비롯해 군왕과 같은 통치자가 거주하는 읍을 '도'라고

　　했습니다.

* 성^城: '성을 구축하여 군왕을 호위하다^{築城以衛君}'는 말에서 알 수 있듯

　　'성'은 군왕의 통치를 보호하기 위해 만들어진 것이었습니다.

　　'성' 중간에는 계곡이 있기도 했고 흙을 단단하게 다져 세운

　　성벽이나 나무 울타리가 있었습니다.

* 곽^郭: '곽을 만들어 민중을 보호하다^{造郭以守民}'는 말처럼 '곽'의 기능은

　　노동자들을 위한 것이었습니다. 내성^{內城}은 '성'으로 불렀고

　　외성^{外城}은 '곽'으로 불렀는데 기록에 따르면 3리마다 '성'이

　　하나씩 있고 7리마다 '곽'이 있었습니다. '곽'에 거주하는 사

　　람들은 주로 귀족을 위해 일하는 장사꾼들이나 수공업자와

　　같은 노동자들이었습니다.

* 국^國: 주나라 때는 '국'과 '성'의 의미가 같았습니다. 일반적으로 방

　　어를 위해 사용되었으며 '국'과 '토^土' 역시 같은 의미로 사용

　　되었습니다. 여기에는 통치 권력의 계급을 나타내는 상징적

　　인 의미도 함께 포함되어 있었습니다.

즐거울 수밖에 없는
배움의 3단계

자왈子曰 "흥어시興於詩, 립①어례立於禮, 성②어악成於樂."

공자가 말하길, "나는 시로 시작해서 예로 일어섰고 음악으로 완성했다."

---

① 립立: 서다.
② 성成: 끝내다, 완성하다.

아주 짧은 구절입니다. 공자는 여기서 단 아홉 글자만을 얘기했지만 놀랍게도 이 안에는 공부의 3단계에 관한 내용이 모두 포함되어 있습니다.

먼저 '흥어시興於詩'를 살펴보겠습니다. '시작'의 의미를 가진 '흥'은 여기서는 '입문하다'는 뜻으로 해석할 수 있습니다. '흥'이라는 글자는 계속 위를 향해 나아가는 느낌을 주고 생기와 활력을 느끼게 합니다.

'흥어시興於詩'란 쉬운 말로 풀이하면 '처음 공부를 시작할 때 가장 좋은 방법이 바로 시를 배우는 것'이라는 뜻입니다. 고대의 시는 노래처럼 부를 수 있었는데『시경』이 그 대표적인 예입니다.『시경』을 부르다 보면 명사를 많이 알게 되고 동식물의 이름을 익힐 수 있으며, 다양한 풍속을 이해할 수 있습니다. 그래서 10대 청소년들에게 시를 읊게 하는 것은 학습에 대한 흥미를 자극하는 가장 실제적이고 간단한 방법입니다.

'립어례立於禮'는 '사회에 발을 내딛고 서기 위해서는 반드시 예법을 배워야 한다'는 의미입니다. 스무 살, 서른 살이 되면 세상으로 나가 사회 구성원으로서 일해야 하는데 이때 근본이 되는 것이 바로 '예'입니다. 예의를 지키지 않으면 사람들과 제대로 소통할 수 없고 실수를 저지르기 쉽습니다.

'성어악成於樂'은 '음악을 배움으로써 비로소 완성된다'는 의미입니다. 쉰, 예순의 나이가 되면 사람들은 은퇴를 준비하면서 어떻게 해야 마음의 젊음을 유지하며 살아갈지, 어떻게 해야 계속 자신을 수련할 수 있을지 고민합니다. 공자는 가장 좋은 방법이 음악을 배우는 것이라고 생각했습니다. 실제로 공자는 '음악 교육'을 매우 강조했는데 그의 사학에서는 늘 거문고 소리가 끊이지 않았고 수업 시간에도 항상 악기가 옆에 있었다고 합니다. 당시 음악은 오음五音과 십이율十二律로 구성되어 있어 매우 동적이면서 다채로웠습니다. 공자의 교육은 일종의 아름다움과도 맞닿아 있었습니다. 그는 음악으로 인성을 다스렸고 그것이야말로 배움의 완성이라고 보았습니다. 당시에는 학문을 배우다가 일정한 경지에 다다르면 그것을 음악으로 표현하기도 했지요.

정리해 보자면, 위 구절은 당시 학문을 배울 때 거치는 세 단계에 관한 이야기입니다. 1단계는 시를 통해 깨달음을 얻는 것이며, 2단계는 예와 관련한 것을, 마지막 3단계는 음악으로 배운 내용을 완성시키는 것입니다.

중국 고대에는 열 살 정도가 되면 삶의 기본 규칙을 익히기 시작했고 열세 살에는 시를, 스물 이후에는 예법을 배웠으며 그다음에 각종 의식에 관해 배웠는데 이때 시를 노래했습니다. 이것이 배움의 단계였지요.

우리는 어릴 때부터 자신이 좋아하는 것을 찾아 배울 수 있도록 여러 가지를 시도해 봐야 합니다. 예를 들어 문화 지식

외에도 노래나 춤, 장기나 바둑 등 다양한 걸 시도하고 배워보는 겁니다. 어릴 때부터 스스로 관심사를 발견하고 본인의 잠재력을 발굴해 배움에 열정을 지니고 공부하면 여러 재능을 갖춘 사람으로 성장할 수 있습니다.

'흥'은 특히나 나이 어린 학생들에게는 정말 중요한 요소입니다. 제가 『논어』를 들고 와서 여러분에게 그 내용을 달달 외우도록 강요한다고 생각해 보세요. 정말 상상하기도 싫을 겁니다. 그보다 저는 이 책을 읽으면서 여러분이 『논어』에 흥미를 느끼고 '원래 『논어』가 이렇게 재밌는 책이었구나!'를 느낄 수 있다면 그것으로 충분하다고 생각합니다. 거기에서 더 나아가 여러분 스스로 『논어』에 관한 자료를 찾아 공부한다면 더할 나위 없이 좋을 겁니다.

인생에서 가장 중요한 건 진정한 즐거움을 찾는 것이라고 생각합니다. 인생의 종착점에 가서 자신이 살아온 삶을 돌아보며 '너무 고단하고 무료한 삶이었다'고 '두 번 다시 살고 싶지 않다'고 생각한다면 얼마나 비참할까요?

이 구절은 여러분이 공부할 때, 혹은 훗날 직장에 들어가 일할 때 마음에 새기고 떠올리면 많은 도움이 될 것입니다.

좋은 사람이 되기 위한
최고의 방법, 공부

자왈子曰 "독신호학篤信好學, 수사①선도守死善道. 위방불입危邦不入, 란방불거亂邦不居. 천하유도즉현②天下有道則見, 무도즉은無道則隱. 방유도邦有道, 빈차천③언貧且賤焉, 치야恥也; 방무도邦無道, 부차귀언富且貴焉, 치야恥也."

공자가 말하길, "독실한 믿음으로 배움을 좋아하고, 죽기를 각오하고 도를 지켜내라. 위태로운 나라에는 들어가지 말고 혼란스러운 나라에는 거류하지 말라. 천하에 도가 있으면 나타나고 도가 없으면 숨도록 하라. 나라에 도가 있는데 빈천한 것도 수치이고, 나라에 도가 없는데 부귀한 것도 수치이다."

① 수시^{守死} : 죽을 각오로 지키다.
② 즉현^{則見} : 즉시 나타나다, 볼 견^見이나 여기서는 뵈올 현^見으로 쓰인다.
③ 천^賤 : 천하다.

'**독신**^{篤信}'과 '**호학**^{好學}' 사이에 쉼표가 없는 것을 보면 이 둘은 병렬관계가 아닙니다. '독신'은 동사이고 '호학'은 명사이므로 풀이하면 '**사람은 학문의 힘을 믿어야 하며 배움을 통해 반드시 얻는 것이 있다는 믿음을 가져야 한다.**'는 뜻입니다. 즉, 배움이 아주 중요한 것이라고 강조한 것이지요.

우리는 배움의 힘을 믿어야 합니다. 저는 수많은 강연에 강사로 초청되었지만, 행사마다 주제는 모두 달랐습니다. 그렇지만 핵심은 하나, 바로 '배움의 힘을 믿어야 한다'는 것이었습니다. 배움은 우리의 삶과 인성을 변화시켜 새로운 사람이 되도록 이끌어줍니다.

'**수사선도**^{守死善道}' 역시 같은 이치입니다. '수사'는 동사이고 '선도'는 명사이죠. 공자는 '**죽을 힘을 다해 선한 도를 수호해서 좋은 사람이 되어야 한다**'고 강조했습니다. 고대 중국에서 학문을 시작하러 떠나는 젊은이들이 스승에게 마지막 당부의 말씀을 청할 때면 대부분의 스승은 이 네 글자를 적어주었다고 합니다.

학주호인學做好人 : '좋은 사람이 되는 법을 배우라.'

이 구절은 스승들이 아끼고 좋아하는 말이었습니다. 공부의 최종 목적은 결국 좋은 사람이 되는 것이기 때문입니다. 플라톤은 '철학을 배우는 목적은 더 좋은 사람이 되기 위함'이라고 말하기도 했습니다. 이런 점을 보면 진리에 있어서는 동서양의 생각이 같았던 것 같습니다.

'독신호학'의 정신은 학문에 정진할 수 있게 하고 '수사선도'의 정신은 도덕성을 갖춘 사람이 되게 합니다. 그리고 학문과 도덕성을 갖춘 사람이야말로 모든 학도가 추구하는 목표이자 방향이지요.

이어서 공자는 제자들에게 **'위방불입危邦不入, 란방불거亂邦不居'** **'위태로운 나라에는 들어가지 말고 혼란스러운 나라에는 거류하지 마라'**고 가르칩니다. 당시에는 여행이 유행하지도 않았고 외국에 관심 있는 사람도 드물었습니다. 그 당시 '위방불입, 란방불거'를 무시하고 외국에 나가는 사람은 투기나 도박을 위해 '한탕'을 노리기 위한 사람들이었습니다.

공자가 '위방불입, 란방불거'라고 말한 이유는 생명을 소중히 여겨야 한다는 걸 알려주기 위함이었습니다. 유혹과 위험,

기회를 따라 움직여서는 안 된다고 말하고자 한 것입니다. 왜냐하면 공자는 '**천하유도즉현**天下有道則見, **무도즉은**無道則隱', 즉 '**천하에 도가 있으면 나타나고 도가 없으면 숨어야 한다**'고 생각했기 때문입니다. 그는 천하에 도가 있고 없고를 매우 중요하게 생각했습니다. 만일 도가 있는 사회는 질서 있고 사람마다 예절을 지키며 도리를 중시하는데, 그런 곳이라면 마음 놓고 들어가 열심히 일해도 무방하지만, 만일 도가 사라지면 사람들이 서로를 존중하지 않고 혼란한 세상이 된다는 게 그의 생각이었습니다.

'**방유도**邦有道, **빈차천언**貧且賤焉, **치아**恥也'는 '**질서와 부귀영화가 있는 국가에서 가난하고 비천하게 살아간다면 그것은 일종의 무능함**'이라는 뜻입니다. 다시 말해 국가가 안녕하고 정치가 청렴하면 모든 사람이 '노를 저으며' 열심히 일해야 하는데 그 중에 평상 위에 누워서 게으름을 피우는 자가 있다면 그것은 일종의 수치라는 뜻이지요.

반대로 '**방무도**邦無道, **부차귀언**富且貴焉, **치아**恥也'는 '**국가의 형세가 거센 바람에 흩날리는 가로수처럼 위태롭고 사람들이 거친 욕설을 내뱉고, 노인은 기댈 곳이 없는 상태에서 배불리 먹고 부귀를 탐닉하는 자가 있다면 그 또한 수치**'라는 뜻입니다. 덕이 없는 사람만이 그렇게 할 수 있기 때문이죠.

서진 시기, 사마경은 집권 이후 유명한 문인 '장한'을 동조연이라는
관직에 임명했습니다. 당시 황제였던 혜제가 점차 힘을 잃어가자
많은 왕이 그의 자리를 호시탐탐 노렸습니다.

이러한 정세를 잘 살핀 장한은 곧 큰 정변이 일어나리라 예측하고
본인은 '고향에 돌아가 순챗국과 농어회를 먹으려 관직을 사퇴하겠
다'는 말을 남기고 고향으로 내려갔습니다.

그리고 얼마 후 사마경의 병사들이 대거 죽임을 당했지만 먼저 관
직에서 물러났던 장한은 생명을 건질 수 있었습니다. 그는 공자가
말했던 '란방불거'를 실제로 실천했던 사람으로 이 일화는 지금까
지 대대로 전해 내려오고 있습니다.

사람과 사람은 서로 배우는 관계입니다.
표면적인 지표만 보고 따라가서는 안 됩니다.
여러분은 자신만의 길을 걸어가면서 그 과정에서 아름다운 것들을 발견하고
그것을 열렬히 사랑할 줄 알아야 합니다.
그런 다음 여러분이 공부한 지식과 기능, 지금껏 읽은 책이
여러분의 삶에 미치는 영향과 즐거움을 만끽할 수 있어야 합니다.

4장

배움을 통해
한 단계
더 성장하라

'인'의 방식으로
세상을 바라보라

안연문인顔淵問仁**, 자왈**子曰 **"**극기복례위인克己復禮爲仁. 일일극기복
례一日克己復禮, 천하귀인언天下歸仁焉. 위인유기爲仁由己니, 이유인호재而
由人乎哉?"

안연왈顔淵曰 **"**청문기목①請問其目."

자왈子曰 **"**비례물시非禮勿視, 비례물청非禮勿聽, 비례물언非禮勿言, 비례
물동非禮勿動." 안연왈顔淵曰: **"**회수불민②回雖不敏, 청사③사어의請事
斯語矣."

안연이 인에 관하여 여쭈어보자 공자께서 말씀하셨다.
"자기 자신을 억누르고 예로 돌아가는 것이 인이다. 어느 날
자기를 이기고 예로 돌아가게 되면 온 천하가 그 사람을 어질
다고 할 것이다. 인을 행하는 것이 자기 자신에게 달려 있지
남에게 달려 있겠느냐?"

안연이 "부디 그 세목을 알려주십시오."라고 하자 공자께서 말씀하셨다.

"예가 아닌 것은 보지 말고, 예가 아닌 것은 듣지 말고, 예가 아닌 것은 말하지 말고, 예가 아닌 것은 하지 말아라." 안연이 말했다. "제가 비록 불민하지만, 모쪼록 이 말씀을 힘써 행하겠습니다."

① 목目: 행동 강령.
② 민敏: 총명함, 영리함.
③ 사事: 실행하다.

안회가 공자에게 '인仁'이 무엇인지 물었습니다.

공자는 제자의 질문에 대답할 때는 물어본 사람의 성격과 인품, 경력에 따라 모두 다르게 대답해 주었습니다. 앞서 살펴보았던 것처럼 안회는 성격이 어질고 공부를 열심히 하는 소위 모범생이었지요.

그래서 공자는 '인仁'에 관한 매우 수준 높은 정의, **'극기복례위인**克己復禮爲仁**', '자기 자신을 억누르고 예로 돌아가는 것이 인'** 이라고 말해 줍니다. 누군가의 눈에 '극기복례'는 매우 추상적이고 쓸모없는 일로 비칠 수 있습니다. 굳이 자기를 억압하고 누르면서까지 예를 지켜야 하는 이유를 이해하지 못하는 겁니다. 그들은 '인생은 최대한 즐겁게 살면 그만 아니냐'고 말합니다. 하지만 만일 인류의 뇌를 깊이 이해했다면 '극기복례'는 사람이 진화하는 일종의 과정이라는 걸 알 수 있습니다.

예전에 제 개인 채널에서 개리 마커스의 『클루지』라는 책을 소개한 적이 있습니다. '클루지kluge'란 '(컴퓨터 시스템이) 뒤엉킨, 설계가 나쁜'이라는 사전적 의미를 지닙니다. 그는 사람의 뇌를 바로 이 클루지에 빗대어 설명합니다. 예를 들어 우리는 쉽게 충동적으로 변하며 때로 강렬한 욕구를 잘 통제하지 못합니다. 또 가끔은 공부가 너무 지루하고 힘들다는 생각에 텔레비전을 보거나 놀고 싶은 마음이 강하게 들지요. 누군가 실수로 내 물건을 망가뜨리면 크게 화를 내기도 합니다. 이럴 때 우리는 감정에 쉽게 사로잡혀 부적절한 행동을 한 다음 시간이 지나서 후회하곤 합니다. 결국 사람의 뇌는 계속해서 실수와 오류를 저지르게 되어 있습니다. 그리고 많은 사람이 문제 앞에서 가장 먼저 보이는 반응은 '자기방어'라고 말합니다. 우리의 뇌는 매우 이기적이기 때문에 이성적인 사고를 하지 못하고 뇌가 이끄는 대로, 소위 본능에 따라 살아가면 동물적인 특성이 두드러지게 나타납니다.

'극기복례'의 근본은 뇌를 잘 통제하여 공자가 말했던 중용의 정신을 잘 실현하는 것입니다. 어떤 문제가 생겼을 때 대뇌의 충동성에 이끌려 결정하는 게 아니라 '본능적 반응'과 '즉각적 액션' 사이에서 잠시 멈추어 '어떻게 이 문제를 해결하고 처리해야 할 것인지'를 생각하는 것이죠. 정리하자면 '예'란 사람의 행동을 잘 절제하도록 정리한 규정으로 이것을 잘 지키면 '인'의 상태에 가까워질 수 있습니다.

이어서 '**일일극기복례**一日克己復禮, **천하귀인언**天下歸仁焉', '**어느 날 자기를 이기고 예로 돌아가게 되면 온 천하가 그 사람을 어질다고 할 것이다**.'라고 말한 공자는 다소 감동에 차오른 것 같아 보이기까지 합니다. 중국의 대표 작가 왕멍 선생이 『논어』에 관한 생각을 밝힌 책에는 이 문장이 전혀 과장된 것이 아니라는 대목이 나옵니다. 공자의 뜻대로 '단 하루라도 자신을 절제하고 예로 돌아가는 사람은 언제든 인의 경지에 오를 수 있다'는 게 그의 생각입니다.

사실 삶의 많은 고통과 번뇌는 우리 마음에서 비롯된 것입니다. 우리 눈에 비친 세상의 모습은 바로 지금 내 마음이 투영된 결과이지요. 이 세상이 조금 더 아름답기를 바란다면 세상을 살아가는 모든 사람을 변화시키기 위해 힘쓸 게 아니라 내 마음을 바꾸면 됩니다. 내가 '극기복례'를 실천하는 순간 세상은 인과 애의 경지로 들어갈 수 있습니다.

리처드 폴과 린다 엘더의 『왜 비판적으로 사고해야 하는가』를 읽어본 사람은 비판적인 사고가 사람에게 얼마나 긍정적인 역할을 하는지 알 수 있을 겁니다. 작가는 수년간 비판적인 사고에 관해 연구한 후 다음과 같은 결론을 얻었습니다.

'늘 고통과 번뇌에 시달리는 사람은 분명히 그 사고방식에 문제가 있다.'

결국 동양의 철학자와 서양의 심리학자가 최종적으로 얻은 결론은 하나입니다. '마음을 잘 관리하고 세상을 바라보는 방식을 바꾸면 '천하귀인'을 경험할 수 있다.'이지요. 하지만 '나만 변하고 다른 사람은 여전하면 무슨 소용이냐'고 반문하는 사람이 있을 수 있습니다. 남들은 여전히 나쁜 짓을 하는데 어떻게 '천하귀인', 즉 천하가 인정하는 어진 사람이 되느냐는 말입니다.

하지만 여기에는 심각한 오류가 하나 있습니다. 사실 '인'이란 어떤 질서를 말하는 게 아닙니다. 그것은 개인적 수양의 경지를 가리킵니다. '천하귀인'이란 세상에 비합리적인 일이 완전히 사라진다거나 세상이 완벽히 아름답게 변한다는 말이 아닙니다. 자신이 바라보고 인지하는 세계관에 변화가 생긴다는 말이지요.

세상에 일어나는 여러 혼란과 비합리적인 일들을 방식을 바꿔서 바라본다면 우리 내면에 평화가 찾아옵니다. 이것이 바로 공자가 말한 '일일극기복례, 천하귀인언'입니다. 공자는 '군자의 생각은 자기 신분에서 벗어나지 않는다君子思不出其位'고 말했습니다. 즉, 자기 내면을 잘 돌보고 자기에게 주어진 일을 충실히 잘 해내면 이 세상이 아름답게 보인다고 가르쳤습니다.

이어서 '**위인유기**爲仁由己, **이유인호재**而由人乎哉'를 살펴봅시다. 이것은 공자가 바로 앞에 했던 말을 해석해 주는 구절입니다. **"내가 감히 '일일극기복례, 천하귀인'이라고 말할 수 있는 이유가 무엇인지 아느냐? 인과 덕의 경지에 오르는 것은 오로지 너 자신과 관계된 일일 뿐, 다른 사람과는 무관하기 때문이다."**라고 설명해 주는 것이죠.

우리 주변에는 늘 타인과 세상을 원망하는 사람들이 있습니다. "나는 진짜 좋은 사람이 되고 싶은데 상황이 허락해 주질 않아요. 이 세상은 악으로 가득하고 그런 환경이 나를 나쁜 사람이 되도록 몰아간다고요!" 결국 이들은 자신의 못남을 다른 사람의 탓으로 돌립니다.

공자가 우리에게 '**위인유기, 이유인호재**', 즉 '인을 행하는 것이 자기 자신에게 달려 있지 남에게 달려 있겠느냐?'라고 말한 이유는 그의 생각은 '인은 멀리 있지 않다. 내가 인을 하고자 하면 인에 이르나니我慾仁, 斯仁至矣'였기 때문이지요. 즉, 내가 인을 행하고자 한다면 그것을 말릴 사람은 아무도 없다는 의미였습니다.

공자가 무언가를 가르쳐주면 안회는 항상 묵묵히 들었습니다. 말대꾸하거나 의심 섞인 질문을 던지지 않았습니다. 안회는 늘 공자가 하는 말을 재빠르게 이해했습니다. 그런데 이번에는 '청문기목請問其目'이라고 합니다. 혹시 '강거목장綱擧目張'이라는 성어를 들어보셨나요? 여기서 '목目'은 물고기를 잡아 올리는 그물을 말합니다. 그물의 끝을 잡아 올리면 작은 구멍은 저절로 열린다는 뜻으로 어떤 일의 대략적인 내용을 얘기하면 세부적인 내용은 자연스레 알게 된다는 말입니다. '청문기목'은 안회가 공자에게 "극기복례를 실천하기 위한 팁을 알려주십시오. 구체적으로 어떻게 하면 될까요?"라고 물은 것입니다.

이어서 등장하는 공자의 대답은 매우 유명한 구절입니다. 간단하고 명료하면서도 힘이 느껴지는 가르침이죠. 그는 '비례물시非禮勿視, 비례물청非禮勿聽, 비례물언非禮勿言, 비례물동非禮勿動'

이라고 말합니다. 고대 중국에는 공자를 풍자하는 말들이 많았습니다. 그중 하나가 공자의 이 가르침을 듣고 안회가 곧장 집으로 달려가 대문을 걸어 잠그고 방안에 틀어박혔다는 것인데, 누군가 그 이유를 물었더니 안회가 이렇게 대답했다고 합니다.

"스승께서 비례물시, 비례물청, 비례물언, 비례물동이라고 말씀하셨는데 나는 그걸 해낼 엄두가 나지 않는다. 그냥 어디도 가지 않고 방 안에 틀어박혀 있는 것이 차라리 낫겠다."

그러나 이것은 그 뜻을 왜곡한 것입니다.

모범생인 안회조차 실천할 엄두가 안 난다고 했던 '비례물시, 비례물청, 비례물언, 비례물동'은 대체 무엇일까요? 이 네 구절을 이해하기 위해서 우리는 먼저 사람은 왜 예에 어긋나는 행동을 하는 것인지를 생각해 보아야 합니다.

가장 중요한 이유는 예에는 정확한 경계가 없기 때문입니다. 그래서 자칫 잘못하면 그 선을 넘을 수 있는 것이죠. 사람들은 종종 예의에 어긋나는 행동을 하고 실수를 저지르지만, 본인도 모르게 무의식중에 그럴 때가 많습니다. 자기도 모르게 말실수를 하거나 무의식중에 남에게 상처 주는 말을 합니다. 그렇지만 그건 고의가 아니라 정말 자각하지 못하기 때문입니다. 예의 경계를 정확하게 몰라서 지금 본인의 행동이 예의 바른 것인지 아닌지를 분명하게 판단하지 못하기 때문입니다. 그래서 공자는 네 구절로 알기 쉽게, 정확하게 설명합니다.

'비례물시非禮勿視, 비례물청非禮勿聽, 비례물언非禮勿言, 비례물동非禮勿動'

"예가 아닌 것은 보지 말고, 예가 아닌 것은 듣지 말고, 예가 아닌 것은 말하지 말고, 예가 아닌 것은 하지 말아라."

쉽고 간단히 말해 "행동하기 전에 지금 이렇게 행동해도 되는지 생각하라."입니다.

서양의 심리학자들은 사람의 행동을 바꾸려면 '1단계 자각, 2단계 수용, 3단계 변화'의 단계를 거쳐야 한다고 말합니다. 본인의 잘못을 인지하지 못하는 사람은 변하기 어렵습니다. 자신을 억누르고 예로 돌아가는 '극기복례'는 말할 것도 없지요. 공자는 자각의 중요성을 강조했습니다. 서양 심리학자들의 이론과도 일맥상통하는 부분입니다. 그는 '극기복례'를 위해 '자기 행동을 민감하게 자각하여 작은 악행도 저지르지 않도록 주의해야 한다'고 가르쳤습니다. 그런데 행동을 잘 통제한다고 해도 작은 습관들을 고치지 않으면 어렵습니다. 사람의 말과 행동은 그런 습관들에 의해 결정되기 때문입니다.

마지막으로 안회는 **'회수불민**回雖不敏, **청사사어의**請事斯語矣'라고 대답합니다. 공자의 많은 제자도 비슷한 말을 많이 했는데 이것은 **'제가 부족하지만, 선생님의 말씀을 반드시 실천하겠습니다.'**라는 뜻입니다. 공자에게 가르침을 청한 사람은 많았습니다. 그것을 일생의 좌우명으로 삼고 살아가는 사람도 적지 않았지요. 그들은 모두 공자의 삶을 닮아가길 원했습니다.

석가모니의 제자 중에 주리반특이라는 사람이 있었습니다. 그는 태어날 때부터 제 이름도 제대로 외우지 못하는 어리석은 사람이었습니다. 그런 그에게 석가모니가 말했습니다.

"다른 사람들이 네가 경전을 외우지 못한다고 놀릴 때마다 바닥을 쓸도록 해라. 바닥을 쓸 때마다 '소진제구掃塵除垢'를 반복해 읊조리거라."

스승의 가르침대로 하던 그는 어느 날 갑자기 다른 사람보다 훨씬 빨리 깨달음을 얻을 수 있었습니다. 그 네 글자가 그에게는 자공이 공자에게 물었던 '평생토록 실행할 만한 말 한마디', '일언이가이종신행지有一言而可以終身行之'였던 것이죠.

이번 구절에서 공자는 '극기복례'를 실천하는 방법에 관해 알려주었습니다. 그는 우리가 자신을 돌아보고 자각하는 것이 매우 중요하다고 가르쳤습니다. 바라기는 여러분도 '비례물시, 비례물청, 비례물언, 비례물동'의 숨은 뜻을 잘 이해해 삶의 작은 부분부터 조금씩 자신의 품격을 수련해 나갈 수 있으면 합니다.

나다운 내가 되기 위한
'진짜 공부'

자왈子曰 "고지학자①위기②古之學者爲己니, 금지학자위인今之學者爲人."

공자가 말하길, "옛날의 학자는 자기 수양을 위해서 공부했는데 오늘날의 학자는 남의 이목 때문에 공부한다."

....

① 고지학자古之學者 : 옛날의 학자.
② 위기爲己 : 자신을 위하다.

공부는 누굴 위해 하는 것일까요? 공자는 '**고지학자위기**古之學者爲己'라고 말했습니다. 즉 '**나를 위한 것**'이라는 말이지요. 우리는 배움을 통해 현재의 나를 과거의 나와 대조해 보고 비판하고 성찰하며 마음을 들여다볼 수 있고 이로써 더 나은 나로 성장할 수 있습니다. 이것이 올바른 배움이자 공부입니다.

이어서 나온 '**금지학자위인**今之學者爲人'이란 공자가 살던 어지러운 세상의 일부 학자들을 향한 평가입니다. 당시에는 자신을 수양하기 위해서가 아니라 다른 사람에게 자기 능력을 과시하거나 관직에 오르기 위해, 혹은 다른 사람을 평가하고 비난하기 위해 공부하는 사람들이 있었습니다. 누군가에게 보여주기 위한 공부를 하면, 시간이 갈수록 무력해지고 점점 더 큰 불안과 초조함에 휩싸입니다. 남에게 나를 증명하기 위해 하는 공부는 그 과정에서 즐거움을 누릴 수 없기 때문입니다.

어떤 사람들은 배움을 통해 이치를 깨닫고 난 뒤 자신이 주변 사람들과 달라졌다는 생각에 교만해지기도 합니다. 그러나 본질적으로 보자면 이 또한 잘못된 배움입니다. 공부를 좋아하고 심지어 거기에 깊이 빠지는 사람이 있는 이유는 무엇일까요? 그건 공부한 지식을 완전히 내 것으로 만들어서 그것이 나의 자산이 되고 그 과정에서 성장하고 변화하는 자기 모습을 발견하기 때문입니다.

공부를 하는 사람이 알아야 할 중요한 원칙이 하나 있습니다. 남만 잘 비춰주고 나 자신을 보지 못하는 거울이 되어서는 안 됩니다. 그 기울은 남이 아닌 나 자신의 내면을 향해 비춰야 합니다. 나를 돌아보고 반성하고 비판적인 시각으로 자신의 생각과 행동을 성찰해야만 끊임없이 정진할 수 있으며 진정한 배움의 기쁨을 누릴 수 있습니다.

가끔 사람들이 제게 '어떻게 하면 OO처럼 공부를 잘 할 수 있느냐'고 물어봅니다. 그럴 때마다 저는 그런 '타깃성 지표'를 만들지 말 것을 제안합니다. 그런 비교형 지표가 있는 한 사람은 영원히 만족할 수 없기 때문입니다.

예전에 스키선수 에일린 구가 본인은 하루에 열 시간씩 잔다고 하자 사람들이 너도나도 따라 하기 시작했습니다. 그녀의 훈련의 양이나 강도는 보지 않고 오로지 수면 습관 하나만 똑같이 따라 하는 건 아무 의미가 없습니다.

헬렌 켈러를 생각해 보세요. 그녀는 보지도, 듣지도 못하는 사람이었습니다. 그런 그녀가 어떤 지표를 타깃으로 삼아 자신을 누군가와 계속 비교했다면 절대 성공을 거두지 못했을 겁니다. 하지만 그녀에겐 이루고자 하는 원대한 꿈이 있었고 강인한 끈기가 있었습니다. 결국 그녀는 전 세계에 영향을 주는 작가가 되었습니다.

사람과 사람은 서로 배우는 관계입니다. 표면적인 지표만 보고 따라가서는 안 됩니다. 여러분은 자신만의 길을 걸어가면서 그 과정에서 아름다운 것들을 발견하고 그것을 열렬히 사랑할 줄 알아야 합니다. 그런 다음 여러분이 공부한 지식과 기능, 지금껏 읽은 책이 여러분의 삶에 미치는 영향과 즐거움을 만끽할 수 있어야 합니다.

모든 사람이 '공부의 신'이 될 필요는 없습니다. 여러분은 그냥 여러분 자신이 되면 됩니다.

세상 무의미한
현학적 공부

자왈^{子曰} "인능홍도①^{人能弘道}, 비도홍인^{非道弘人}."

공자가 말하길, "사람이 도를 넓힐 수 있는 것이지 도가 사람
을 넓히는 것이 아니다."

---

① 홍도^{弘道}: 도를 넓히다.

이 간결하면서도 힘 있는 구절 역시 공자의 명언 중 하나입
니다.

철학 교수 니페이민은 자신의 저서에서 '홍^{弘}'은 확대 및 발

전의 개념으로 '**인능홍도**人能弘道'란 '**사람이 도를 확대하고 발전시킨다는 의미**'이며 도를 자신을 드러내는 장신구처럼 취급해서는 안 된다고 말했습니다. 그는 도를 배웠다고 해서 득의양양하거나 대단한 사람이라도 된 것처럼 굴어서는 안 된다고 강조합니다. 아무리 대단한 인물이라 할지라도 결국에는 한 줌의 재가 되어 떠나는 것이 우리네 인생이지만 도는 영원토록 존재해 계속 유지되고 발현되기 때문입니다. 이것이 바로 진정한 '**비도홍인**', '**도가 사람을 넓히는 것이 아닌 상황**'입니다.

이 개념을 더 깊이 이해하고 싶다면 앞에서 소개한 바 있는 『유한 게임과 무한 게임』을 읽어보길 바랍니다. '도와 지식'을 자신을 드러내기 위한 도구로 삼는 사람은 유한 게임의 플레이어와 같습니다. 그들의 목적은 게임을 끝내는 것입니다. 그리고 게임을 통해 칭호와 지위를 얻고자 합니다. '도'를 자신의 성공 발판으로 삼는 사람은 지식을 배우고 논문을 발표하는 등의 모든 행위의 목적이 오로지 자신의 명예와 성공입니다. 결국 그것으로 게임을 끝내고 싶다는 게 그들의 생각이지요.

그러나 무한 게임의 플레이어들은 다릅니다. 그들에게 중요한 건 '게임을 유지하는 것'입니다. 자신이 그 게임의 세계속에 존재하지 않는다고 할지라도 게임은 세속되어야 합니다. 그들은 게임의 영역을 확장하고 게임을 더 재미있게 만드는 것을 중시합니다. 이러한 정신을 바로 '**이인홍도**^{以人弘道}'라고 합니다.

여러분이 하는 일이 훗날 역사적, 문화적으로 어떤 흔적과 이름을 남기게 될지, 사회에는 어떤 종류의 가치를 남길지 생각해 본 적 있나요? 이러한 것들은 어릴 때부터 어떤 가치관을 좇는가와 깊은 연관이 있습니다. 개인으로서 성취하는 이득은 그리 중요하지 않습니다. 가장 중요한 건 우리가 추구하는 '군자의 길'은 지금도 계속되고 있다는 것이며 여전히 이 세상에 영향을 주고 있다는 것입니다. 개인의 경우 이 '도'가 번성하는 과정에서 아주 작은 역할만 할 수 있다면 그것으로 충분하지 않을까요?

늦더라도 무엇이든 배우려는
적극적인 자세를 취하라

공자왈孔子曰 "생이지지자①상야生而知之者上也, 학이지지자차야學而
知之者次也, 곤②이학지우기차야困而學之又其次也. 곤이불학困而不學, 민
사위하의民斯爲下矣."

공자가 말하길, "나면서부터 아는 사람이 최상이고, 배워서
아는 사람이 그다음이고, 곤경에 처해서 배우는 사람은 또
그다음이며, 곤경에 처해도 배우지 않는 사람이 최하위다."

---

① 생이지지자生而知之者 : 태어나면서부터 아는 사람.
② 곤困 : 곤경, 곤혹.

공자는 사람의 수준을 네 가지로 분류했습니다.

먼저 '**생이지지자상야**生而知之者上也', '**태어나면서부터 아는 사람**'입니다. 공자가 보기에 성인은 태어나면서 모든 걸 아는 사람이었습니다. 공자는 요임금이나 순임금, 상나라 탕임금과 같은 사람이나 석가모니, 노자와 같은 사람들을 성인으로 칭하며 그들은 태어날 때부터 많은 도리를 알고 있던 사람이라고 했습니다.

공자는 노자를 '그는 마치 용과 같은 사람其猶龍邪'이라고 묘사한 바 있습니다. 일반적인 동물은 화살이나 그물로 포획하거나 함정을 놓아 잡을 수 있지만, 용은 아무리 노력해도 그림자조차 잡을 수 없는 신비로운 존재였습니다. 공자에게 노자는 그토록 위대한 사람이었습니다. 정말 이런 사람이 존재하는지 아닌지 현대의 과학으로는 증명하기 어렵습니다. 그러나 절대다수의 사람들은 '지식이란 노력을 통해 얻어지는 것'이지 나면서부터 아는 사람은 없다고 생각합니다. 그것은 공자의 카테고리에만 존재하는 것이라고 생각하죠.

두 번째는 '**학이지지자차야**學而知之者次也'로 공자는 그다음 단계의 사람은 '**배워서 아는 사람**'이라고 했습니다. 저는 공자가 자신을 이 단계로 분류했을 것이라 생각합니다. 왜냐하면 그가 '열 가구가 사는 마을에 나보다 충신이 더한 사람은 있어도 나만큼 배우는 걸 좋아하지는 못할 것十室之邑, 必有忠信如丘者焉, 不如丘之好學也'이라고 말한 적이 있기 때문입니다.

'학이지지자'는 배움을 좋아하여 능동적으로 공부하고 지적 욕구가 강한 사람을 가리킵니다. 레오나르도 다빈치가 바로 이런 사람이었지요. 그는 나면서부터 세상 모든 일에 호기심을 가졌고 무엇이든 알고 싶어 했습니다.

다음은 '**곤이학지우기차야**困而學之又其次也'로 '**어려움과 좌절을 만나야 비로소 배움을 통해 문제를 해결하는 부류**'입니다. 공자는 이런 사람들을 세 번째 단계의 사람으로 보았는데 그들을 '작사作士'라고 불렀습니다.

정리하자면 첫 번째는 성인, 두 번째는 군자, 세 번째 부류는 작사입니다. 솔직하게 말하자면 저는 제가 세 번째 '곤이학지'의 부류에 속한다고 생각합니다. 사실 저는 대학을 졸업하고 나면 더는 공부할 필요가 없다고 생각했던 사람입니다. 하지만 결혼을 하고 아이를 낳아 키우면서, 또 회사를 이끌어가면서 스스로 부족한 게 너무 많음을 깨달았습니다. 할 줄 아는 게 하나도 없다는 생각이 들었으니까요. 그래서 누구라도 붙잡고 뭐라도 배웠으면 좋겠다는 생각을 많이 했습니다.

하지만 저를 도와줄 만한 사람이 마땅치 않았습니다. 그래서 제가 택한 방법은 독서였습니다. 정말 닥치는 대로 책을 읽었고 거기서 그동안 저를 힘들게 했던 문제들의 해답을 찾았습니다. 적용 방법까지 상세하게 나와 있는 책들을 읽으면서 독서를 너무 늦게 시작했다는 생각에 후회하기도 했습니다.

나심 니콜라스 탈레브의 『블랙스완』이라는 책에는 이런 내용이 나옵니다.

> '독서하는 사람은 최소한 이 세상에 자기가 모르는 게 아주 많다는 걸 아는 겸손한 사람이다.'

마지막 부류는 **'곤이불학**困而不學, **민사위하의**民斯爲下矣, **'곤경에 처해도 배우지 않는 사람'**입니다. 이들의 삶은 아주 힘들고 근심으로 가득 차 있습니다. 때로는 사는 게 차라리 죽느니만 못하다는 생각까지 하면서도 배우지 않습니다. 공자는 이런 사람들을 최하위로 보았습니다. 이는 공자가 말한 '유상지여 하우불이'唯上知與下愚不移와도 맥락을 같이 합니다. '오직 가장 지혜로운 사람과 가장 어리석은 사람만이 자기 생각을 다른 데로 옮기지 않는다'는 뜻으로 태어날 때부터 지식을 아는 성인과 어려움에 처해도 배우지 않는 최하위의 사람만이 변하기 힘들다는 의미이지요. 성인成人은 이미 최고의 경지에 도달했기 때문에 많은 진리를 깨우쳤으므로 그 생각을 바꿀 필요가 없습니다. 그런데 우둔한 사람은 고집스럽고 생각이 둔해 아무리 좋은 말로 권하더라도 듣지 않습니다. 이것을 다른 말로 '더닝 크루거 효과'라고 합니다. 무지한 사람일수록 자신의 무지함을 알지 못해 무지의 소용돌이 속에 빠지게 된다는 것입니다.

최상위의 사람과 최하위의 사람은 변하기 어렵습니다. 배움을 통해 변하기 쉬운 사람은 중간에 있는 두 부류의, 보통의 사람들입니다.

자신을 성인으로 보는 사람은 없을 겁니다. 그 경지는 너무나도 높아서 실현하기가 어렵습니다. 그렇다고 절대 변하지 않는 최하위의 우둔한 사람이 되어서도 안 됩니다. 우리는 노력과 배움, 독서를 통해 얼마든지 더 우수하고 즐거운 사람이 될 수 있습니다.

너와 나, 그리고
우리 모두를 위한 배움

자지무성子之武城, 문현가지성聞弦歌之聲.

부자완이①이소子莞爾而笑**, 왈**더 "할계언용우도割鷄焉用牛刀?"

자유대왈子游對더 "석자언야문저부자왈昔者偃也聞諸夫子더: '군자학도
즉애인君子學道則愛人, 소인학도즉이사②야小人學道則易使也.'"

자왈子더 "이삼자二三子! 언지언시야偃之言是也. 전언희③지이前言戲之
耳."

공자께서 무성에 가셨을 때 현악기에 맞추어 부르는 노랫소
리가 들려왔다.
선생님께서 빙그레 웃으시면서 "닭을 잡는데 어찌 소 잡는
칼을 쓰느냐?"라고 하시자 자유가 대답했다. "옛날에 저는 선
생님께서 '군자가 도를 배우면 사람을 사랑하고, 소인이 도
를 배우면 부리기 쉽다'라고 말씀하시는 것을 들었습니다."

그러자 공자께서 말씀하셨다. "애들아! 언의 말이 옳다. 내가 좀 전에 한 말은 농담일 뿐이다."

---

① 완이^{莞爾}: 미소 짓는 모양.
① 완이莞爾: 미소 짓는 모양.
② 이사易使 : 부리기 쉽다.
③ 희戱 : 희롱할 희, 탄식할 호, 여기서는 농담으로 쓰였다.

『논어』에는 공자가 실수하거나 잘못을 저질러 제자들에게 지적당해 잘못을 시인하고 교정하는 모습이 아주 드물게 등장합니다.

'자지무성子之武城'에서 '지之'는 동사로 공자가 무성에 갔다는 뜻입니다. 무성은 취푸 근처에 있는 작은 현縣입니다. 당시 자유는 무성을 관할하는 관직을 맡고 있었습니다. 자유의 다른 이름은 언언이었습니다. 공자는 제자가 일을 잘하고 있는지 보기 위해 무성에 시찰을 나갔습니다. 요즘 말로 하면 구청장을 맡은 제자를 찾아가 그의 차를 타고 해당 구를 돌며 정치를 잘하고 있는지 살펴본 것이지요.

'현가弦歌'는 음악 교육의 하나로 사람들을 예와 음악으로 가르친다는 뜻입니다. 그러니 '문현가지성聞弦歌之聲'이란 '그 지역의 주민들이 예와 음악을 배우고 있었다'는 의미이죠. 이치대로라면 좋은 일입니다. 길에서 울려 퍼지는 소리가 시끄러운 소음도 아니고 정신없고 문란한 모습도 아니었으니까요.

그런데 공자는 그 소리를 듣고 '할계언용우도割鷄焉用牛刀?', '닭을 잡는데 어찌 소 잡는 칼을 쓰느냐?'고 묻습니다. 그런데 공자는 왜 뜬금없이 음악 소리를 듣고 닭과 소를 이야기할까요? 이는 일종의 비유법입니다. 여기서 소를 잡는 칼이라는 '우도牛刀'는 예와 음악을 비유한 것인데 당시에는 주로 궁궐에서 지식인들을 가르치는 데 예와 음악이 활용되었습니다. 그러니까 '할계언용우도'를 다른 말로 하면 '이렇게 작은 고을의 주민들이 현가를 배울 필요가 뭐 있냐'는 뜻입니다.

그러자 그 지역을 관할하는 자유가 사뭇 진지한 얼굴로 대답합니다. '석자언야문저부자왈: '군자학도즉애인, 소인학도즉이사야.' 풀이하자면, '저 언언은 예전에 스승께서 '군자나 소인이나 모두 예와 악과 같은 수준 높은 학문을 배워야 한다'고 말씀하신 걸 들은 적이 있습니다.'라는 뜻입니다.

'군자학도즉애인君子學道則愛人'은 '군자가 선왕의 도를 배우면 능히 백성을 사랑하기에 이른다'는 뜻입니다. 먹고 사는 문제를 해결한 사람이 기회가 주어져 대학에 가게 되면 더 많은 걸 배우고 자신을 수련해 다른 사람을 이해하고 관심을 가져 사회를 위해 공헌하게 됩니다. 이것이 바로 군자가 도를 배우는 것의 이점이죠.

'소인학도즉이사야小人學道則易使也'

'아무리 출신이 비천한 자라도 도를 깨우치고 예와 악을 배우면
유능한 인재가 되어 사회 건설을 위해 기여할 수 있다.'

자유는 '인 앞에서는 스승에게도 양보하지 않고 힘껏 행한
다當仁, 不讓於師'는 공자의 가르침을 직접 실천했습니다. 공자가
본인의 스승이긴 했지만 그는 자기 소신을 당당하게 말했습
니다. 더군다나 그 진리는 예전에 스승에게 직접 가르침을 받
은 것이었습니다. 그러자 공자가 이렇게 말합니다.

"자, 여러분. 언언이 한 말이 맞습니다. 방금 내가 했던 말은
농담입니다. 제가 너무 마음이 풀어졌었나 봅니다. 미안합니
다."

말실수를 저지른 공자는 제자에게 지적당하자 그 자리에서
바로 잘못을 시인했습니다. 이것이 공자가 존경받는 이유 중
하나입니다. 그는 자유에게 얼굴을 붉히거나 꾸짖지 않았습
니다. '너는 내 제자가 아니다非吾徒也!'라며 혼을 내지도 않았습
니다. 언언이 한 바른말을 공자는 인정했습니다.

그렇다면 일반 백성들, 노동자들에게 현가를 가르치는 것이

정말 '할계언용우도'였을까요? 저는 개인적으로 자유의 생각이 옳았다고 봅니다. 이건 '소를 잡는 칼과 닭'의 관계라기보다는 그냥 그 마을 곳곳에 현가가 울려 퍼지고 가가호호 남녀 할 것 없이 모두가 책을 읽고 공부하는 모습이 있었기를 바라는 저의 개인적인 마음입니다.

한 매체에서 감동적인 실화를 소개한 적 있습니다. 한 농민공이 동관이라는 지역에서 17년 동안 일용직으로 일하다가 결국 일자리를 잃어 그곳을 떠나기로 했습니다. 그는 떠나기 전, 12년 동안 그와 친구가 되어주었던 도서관에 메모를 남깁니다.

'너무 아쉽지만, 생계가 어려워 어쩔 수 없이 떠난다. 남은 생 절대로 너를 잊지 못할 거야. 고마웠다. 동관 도서관.'

삐뚤빼뚤하게 써 내려간 글씨였지만 소박하고 진심 어린 그 편지는 정말 많은 사람에게 감동을 주었습니다. 이 영상은 SNS에서 빠르게 퍼져나갔고 많은 사람이 그 장면을 캡처해서 제게 메시지를 보냈습니다.

'선생님, 이게 바로 독서의 힘인가 봅니다.'

어디서 태어났건, 어떤 사람이건 세상 모든 사람에게는 배움을 통해 정진할 권리가 있으며 누구든지 그 권리를 누릴 자격이 있습니다.

'시' 안에 담긴
무한지식의 힘

자왈^{子曰} "소자①하막학부『시』^{小子何莫學夫『詩』}? 『시』가이흥^{『詩』可以興}, 가이관^{可以觀}, 가이군②^{可以群}, 가이원^{可以怨}. 이지사부^{邇之事父}, 원지사군^{遠之事君}, 다식어조수초목지명^{多識於鳥獸草木之名}."

공자가 말하길, "너희들은 왜 『시경』을 배우지 않느냐? 『시경』은 그것으로 감흥을 일으킬 수도 있고, 인정과 풍속을 살필 수도 있고, 여러 사람이 한데 모일 수도 있고, 위정자에 대하여 원망을 할 수도 있다. 가까이로는 그것을 본받아 어버이를 섬기고, 멀리로는 그것을 본받아 임금을 섬기며 조수와 초목의 이름을 많이 알게 된다."

....

① 소자^{小子}: 학생들.

② 군群: 모이다.

하루는 공자가 학생들에게 안타까운 마음으로 말했습니다. 그는 여기서 시의 네 가지 중요한 역할을 언급했지요. 그 밖에도 우리는 이 구절을 통해 『시경』의 세 가지 표현법인 직서법賦과 비유법比, 그리고 연상법興을 알 수 있습니다.

먼저 '**가이흥**可以興'에서 '**흥**'은 화제 도입의 역할을 합니다. 즉, 대화를 시작할 때 내가 하고 싶은 말을 하기 위해 시의 구절을 인용하는 것이죠. 이는 제가 행사에서 강연을 할 때 많이 쓰는 방법 중 하나입니다. 먼저 무대에 올라 '어찌 물이 항상 깨끗한가? 샘이 쉬지 않고 솟아나기 때문問渠那得淸如許? 爲有源頭活水來'이라는 주희의 시를 읊은 뒤에 그날의 주제에 관해 본격적으로 얘기합니다.

이어서 '**가이관**可以觀'이란 『**시경**』을 통해 지역의 풍속을 살펴볼 수 있다'는 뜻입니다. 각 지역마다 사람들은 어떤 생각을 하는지, 그곳의 가치관은 무엇인지, 그들은 자기 생각과 감정을 어떻게 표현하는지 등을 알 수 있다는 말입니다.

『시경』의 「풍」편에는 남방의 소국들 이야기가 많이 담겨 있습니다. 남쪽 지역에는 기후 탓에 삼림이 우거진 편이라 사람들은 벌목을 하거나 풀을 베면서 노래를 많이 불렀고 물가에서 일하며 노래를 부르곤 했습니다. 주변이 모두 초록의 울창한 나무들에 뒤덮여 있었기 때문에 노랫소리가 클 필요가 없었고 세밀하고 부드러운 언어를 많이 사용했습니다. 그래서 한 지역의 시와 노래를 들으면 그 지역의 풍속이 어떤지 이해할 수 있습니다. 가령 타이항 산맥의 개화조開花調나 캉바장족의 과장무鍋庄舞 등에는 그 민족의 풍습과 정서가 고스란히 담겨 있습니다. 이것이 바로 공자가 말한 **'가이관'**이었지요.

세 번째로 **'가이군可以群'**이란 **'시는 사람을 모으고 단결시키는 힘을 가졌다'**는 말입니다. 무리가 모여 같은 시를 읊으면 마음에 공명이 일어나고 동질감이 생깁니다. '어찌 입을 옷이 없다 하는가? 내 그대와 같이 두루마기를 입으리라豈曰无衣, 與子同裳'와 같은 시는 전쟁터에 나가기 전 병사들이 함께 읊은 시였습니다.

마지막으로 **'가이원可以怨'**은 **'시를 통해 각자의 의견을 제시하고 마음을 표현할 수 있다'**는 말입니다. 당시에 시는 사회적으로 매우 중요한 '접착제'와 '조미료'의 역할을 했습니다. 사회 분위기를 만들고 요리하는 데 톡톡한 역할을 했지요. '큰 쥐야, 큰 쥐야. 우리 기장을 먹지 마라碩鼠碩鼠, 无食我黍'와 같은 시를 통해 백성들은 집권자를 풍자했습니다.

공자는 젊은이들이 시를 더 많이 배우길 원했습니다. 그가 '시를 배우지 않고는 할 말이 없다'고 했던 말을 보면 『시경』을 얼마나 좋아하고 아꼈는지를 알 수 있습니다.

공자는 『시경』의 '흥', '관', '군', '원'에 관해 이야기한 다음 곧바로 '**이지사부**邇之事父, **원지사군**遠之事君'이라고 말합니다. '**이지사부**邇之事父'에서 '**이**邇'는 가깝다는 뜻입니다. 가까운 의미에서 보자면 『시경』은 가정을 화목하게 하므로 '**가족에게 기여할 수 있다**'는 말이며 '**원지사군**遠之事君'은 조금 더 먼 의미에서 '**국가와 국민, 군주를 섬기는 데 도움이 된다**'는 뜻입니다.

끝으로 '**다식어조수초목지명**多識於鳥獸草木之名'라는 구절이 나오는데 어쩐지 갑자기 방향이 전환된 것 같은 느낌을 줍니다. 앞에서 가정과 주군에 관해 얘기하다가 별안간 『**시경**』을 공부하면 동물과 식물의 이름을 많이 알 수 있다'고 합니다. 그도 그럴 것이 『시경』에는 '아름다운 복사꽃 화려하게 피었네桃之夭夭, 灼灼其華', '갈대가 우거지더니 이슬 맺혀 서리 되었네蒹葭蒼蒼, 白露爲霜' 등 식물의 이름을 언급한 시가 많이 등장합니다.

동물과 식물의 이름을 알게 되는 걸 가볍게 보지 말기 바랍니다. 식물이나 동물을 보고 어느 과의 무슨 식물이며 동물인지, 주요 서식지는 어디고 평균 수명은 어느 정도인지 등을 단번에 얘기할 수 있는 사람의 수준은 결코 낮지 않습니다.

윌리엄 파운드스톤의 『Head in the Cloud』에는 '한 사람의 지식수준이 타인의 인지 수준에 영향을 미친다'는 내용이 나옵니다. 어떤 사람들은 "지금처럼 인터넷이 잘 발달한 시대에는 많은 지식을 배우느라 애쓸 필요가 없다."라고 주장합니다. 모르는 게 있으면 인터넷 검색을 통해 바로바로 알 수 있으므로 굳이 공부할 필요가 없다고 생각하는 겁니다.

하지만 이것은 정말 어리석은 생각입니다. 머릿속에 지식이 축적되어있지 않으면 인터넷에서 뭘 어떻게 검색해야 하는지조차 모르기 때문입니다. 다시 말해 아무리 인터넷이 발달하고 검색을 통해 무슨 정보든 찾아낼 수 있다고 해도 머릿속에 기본 지식이 없다면 그 자원을 충분히 활용할 수 없습니다. 게다가 머릿속이 비어있으면 자신의 의견을 표현하는데도 문제가 있으며 가치 있는 사고를 하지 못하기 때문에 사물을 바라보는 관점에도 심각한 영향을 줍니다.

그래서 공자가 말한 '다식어조수초목지명'은 사실 우리의 교양 수준을 끌어올리는 매우 효과적인 방법입니다.

여러분도 『시경』을 잘 읽어보기 바랍니다. 많은 사람이 제게 『시경』에 관한 책도 써보는 게 어떠냐고 제안하지만 저는 아직 제 수준이 거기까지 이르지 못했다고 생각합니다. 앞으로『시경』을 더 연구해서 어느 정도 성과가 생기면 그때 여러분과 함께 다시 이야기를 나눠볼까 합니다.

상식 더하기

'큰 쥐야, 큰 쥐야. 우리 기장을 먹지 마라碩鼠碩鼠·无食我黍'라는 구절은『시경』의 '석서碩鼠'라는 시의 일부입니다. 이 시는 총 3문단으로 구성되어 있는데 전부 '큰 쥐야, 큰 쥐야'로 문장을 시작합니다. 작자는 백성의 고혈을 짜내는 관리를 탐욕 가득한 큰 쥐에 빗대어 묘사하며 그에게 명령조로 '먹지 마라无食我黍!'고 경고합니다.

여기서 쥐는 흉악하고 교활한 모습을 한 채 남의 물건을 훔쳐 가는 이미지로 그려져 탐관오리 세력을 잘 표현해내고 있습니다. 작자는 백성들이 땀 흘려 얻은 결실을 탈취해가는 통치계급에 대한 원망과 불만을 시를 통해 표현했으며 근심 없는 편안한 삶을 살기 원하는 백성들의 간절한 염원을 멋지게 담아냈습니다.

지나침도 부족함도 없이
평정을 지키는 중도^{中道}의 삶

자왈^{子曰} "인지과①야人之過也, 각어기당各於其黨. 관②과觀
過, 사지인의斯知仁矣."

공자가 말하길, "사람의 과실은 그 당에 따른다. 그래서 과실
을 보면 어짊을 알 수 있다."

··

① 과^過 : 지나다, 여기서는 '실수하다'로 쓰였다.
② 관^觀 : 자세히 보다.

이번 문장은 이해가 쉽지 않으니 열심히 따라오길 바랍니다.
'**인지과야, 각어기당. 관과, 사지인의**人之過也, 各於其黨. 觀過, 斯知仁

矣', '사람의 과실은 그 당에 따른다. 그래서 과실을 보면 어짊을 알 수 있다.'라는 구절은 누군가 저지른 잘못이 무엇인지를 보면, 그 사람의 어짊이 어느 방면에서 부족한지 알 수 있고, 또 그 사람을 어떻게 가르쳐 중도에 이르게 할 수 있는지를 알 수 있다는 의미입니다. 이는 공자의 제자를 판단하는 중요한 방법이자, 교육 방향을 파악하는 방법이기도 합니다. 스승은 학생의 잘못을 통해서 학생이 부족한 부분을 파악하고 힘을 보태줄 수 있습니다. 그러므로 이 역시 공자가 제자의 특성에 따라 맞춤 교육을 했다는 사실을 알려줍니다.

한 사람이 저지른 잘못을 관찰하면 그 사람의 대략적인 인격을 알 수 있습니다. 소시오패스와 사이코패스를 주제로 한 『이토록 친밀한 배신자The Sociopath Next Door』에서 하버드 의과대학 정신과 교수 마사 스타우트 박사는 '잘못을 저질렀으면서 그 사실을 인지하지 못하는 사람은 아주 위험하다'고 말합니다. 이런 사람은 자신이 다른 사람을 해쳤다는 사실은 전혀 인식하지 못한 채 자신이 잘못을 저지른 건 상대방이 자신에게 잘못했거나 자신을 괴롭혔기 때문이라고 생각합니다. 이런 유형의 사람은 다른 사람을 이해하지 못하기 때문에 되도록 그들과 엮이는 인간관계는 멀리 해야 합니다.

종교에서도 한 사람의 과실에 대해서 이야기합니다. 종교는 사람이 저지르는 대부분의 잘못들을 일정한 형태로 분류합니다. 데이빗 핀처 감독의 영화 「세븐Se7en」을 보면 기독교는 죄를 교만, 질투, 분노, 나태, 인색, 식탐, 음욕으로 분류합니다. 반면 불교는 탐욕, 성냄, 어리석음으로 분류하죠. 이런 분류는 세상에 있는 모든 잘못을 하나로 모아 정리한 뒤 가장 정제된 방식을 사용해 분류하고 표현한 것입니다. 이를 통해서 우리는 사람이 주로 탐욕, 분노, 어리석음 때문에 잘못을 저지른다는 것을 알 수 있습니다.

유교의 경우 공자는 잘못을 분류하지 않았습니다. 개인적으로 저는 유교는 가장 간단하게 '과함과 미치지 못함'으로 분류했다고 생각합니다. 흔히 이야기하는 '과유불급'이죠.

공자는 사람들이 일반적으로 가지고 있는 단점과 문제들은 주로 과하거나 미치지 못해서 발생하는 것이라고 보았습니다. 예를 들어서 자로가 공자에게 "들은 걸 즉시 행동으로 옮겨야 하는지"를 물었을 때 공자는 "부모와 형제가 있는데, 어찌 들은 걸 곧바로 행동할 수 있겠느냐有父兄在, 如之何其聞斯行之"라고 말합니다. 이 말은 '부모와 형제가 있는데 어떻게 들은 걸 곧장 행동에 옮길 수 있냐? 얼른 집으로 돌아가서 부모와 형제들에게 물어보아야 한다.'라는 의미입니다. 공자가 이렇게 대답한 이유는 질문한 사람이 성격이 급하고 경솔한 제자였던 자로였기 때문입니다.

　반면 또 다른 제자 염유에 대한 공자의 답변은 달랐습니다. 염유가 "들은 걸 즉시 행동으로 옮겨야 하는지"를 묻자 공자는 "들었으면서 어째 행동에 옮기지 않는 것이냐? 뭘 꾸물대는 것이냐?"라고 말합니다. 이 대화를 옆에서 가만히 듣고 있던 한 제자가 공자에게 "같은 질문인데 어째서 다르게 대답하시는 겁니까?"라고 물었지요. 그러자 공자는 이렇게 말했습니다.

　"자로와 염유는 각각 특징이 다르다. 한 사람은 성격이 급해서 경솔하게 행동하다가 잘못을 저지르고, 다른 한 사람은 성격이 느긋해서 고민만 하고 행동하지 않아 잘못을 저지른다. 각기 특징이 다르기에 다르게 대답해 준 것이다."

　여기서 성격이 급한 건 '과함'으로 볼 수 있고, 성격이 느긋한 건 '미치지 못함'으로 볼 수 있습니다. 공자는 세상에서 일어나는 잘못의 본질적인 원인은 과함과 미치지 못함에 있다고 보았지요. 이처럼 '과유불급過猶不及'이라는 말은 우리가 살면서 저지르는 대부분의 잘못들을 설명할 수 있습니다. 예를 들어서 지나치게 절약해 남에게 베풀 줄 모르고 인색한 생활을 하거나 너무 절약하지 않아 사치하는 건 모두 좋지 못한 태도입니다. 공자가 말한 '과유불급'은 어느 정도의 소박한 삶을 살아가는 것입니다.

공자는 『삼국지』의 장비張飛나 『수호전』의 이규李逵처럼 쉽게 화를 내고 급한 성격이거나, 성격이 너무 느려서 모든 일에 무심하고 냉담하거나, 열정이 강해 모든 일에 지나치게 나서려 하는 사람은 좋아하지 않았습니다

우리는 '중도中道'를 지킬 수 있어야 합니다. 사회를 위한 일은 기꺼이 하고, 해서는 안 되는 일을 멈출 줄 알며, 할 수 없는 일은 하지 않아야 합니다. 이러한 삶이 바로 공자가 이야기한 '과유불급'을 실천하는 삶입니다.

주석

제2장

1. '동곽선생과 늑대' : 중국 전국시대 허베이성에 동곽이라는 선생이 살았다. 세상
   일에 어둡고 생각이 고루했던 그는 어느 날 숲길을 걷다가 피를 흘리며 사냥꾼
   에 쫓기는 늑대를 만났다. 어리석었던 그는 늑대를 가엾게 생각하고 보따리에
   숨겨줬지만 위기를 모면한 늑대는 배가 고프다며 오히려 동곽을 잡아먹으려 든
   다. 때마침 지나가던 농부가 기지를 발휘해 늑대를 죽이고 동곽에게 훈계를 한다.
   "짐승의 본질은 고칠 수 없다. 늑대에게 인심을 베푸는 것은 바보 같은 짓이다."
2. '농부와 독사' : 어느 겨울 농부는 추위로 꽁꽁 언 뱀 한 마리를 발견했다. 농부는
   측은한 마음이 들어 독사를 집어 들고 옷 속에 넣어 품는다. 온기 덕분에 되살아
   난 독사는 농부를 물어버린다. 농부는 죽어가며 이럴 줄 알았어야 했다고 외친다.

제3장

3. 대거사 : 승려가 아니라 재가에서 불도를 닦는 사람을 가리키는 불교용어

부록1: 공자 시대 각국 형세도

하(河)

분(분)

수(水)

진(晉 번체:晉)

위(渭)

주(周)

한(汉 번체:漢)

초(楚)

중무(中牟)

정(郑 번체:鄭)

위(卫 번체:衛)

광(匡)

조(曹)

송(宋)

진(陈 번체:陣)

채(蔡)

제(齐 번체:齊)

후(郈)

성(郕)

비(費)

노(鲁)

전유(颛臾)

회(淮)

강(江)

오(吳)

월(越)

공자의 생애

기원전 551년 (노양공 22년)	양력 9월 28일	노나라 창핑향 추읍에서 공자 출생. (지금의 산동성 난신진 루웬촌)
기원전 549년 (노양공 24년)	공자 3세	아버지 숙량흘이 세상을 떠남.
기원전 537년 (노소공 5년)	공자 15세	열다섯 살에 학문에 뜻을 세움. (吾十有五志于学)
기원전 535년 (노소공 7년)	공자 17세	• 어머니 안징재가 세상을 떠남. • 아버지 계신 곳에 합장한 뒤 상복을 입고 노나라 계씨 가문 연회에 참석하러 갔다가 그 집 신하 양호에게 문전박대당함.
기원전 533년 (노소공 9년)	공자 19세	3년상을 치르고 상복을 벗은 후 송나라로 가서 기관씨 집안의 여성을 아내로 맞이함.
기원전 532년 (노소공 10년)	공자 20세	• 노나라로 돌아가 아들 공리를 낳음. • 노소공이 축하의 의미로 잉어(鯉魚)를 보낸 연유로 아들의 이름을 공리(孔鯉), 자를 백어(伯鱼)로 지음. • 계씨 집안의 위리(委吏)직을 맡아 창고 관리를 담당함.
기원전 531년 (노소공 11년)	공자 21세	계씨 집안의 승전(乘田)직을 맡아 가축을 관리함.
기원전 525년 (노소공 17년)	공자 27세	• 담나라 군주가 노나라를 방문함. • 공자가 그를 접견하여 관제에 대한 가르침을 청함.
기원전 522년 (노소공 20년)	공자 30세	• 학문이 어느 정도 원숙한 경지에 이르름(三十而立). • 제나라 군주 제경공과 명신 안영이 노나라를 방문하여 접견함. • 계씨 가문의 관직을 사퇴하고 교육의 길로 접어들어 사학을 설립함.
기원전 518년 (노소공 24년)	공자 34세	노소공의 지원으로 주나라 수도인 낙읍에 가서 노자를 만나 가르침을 청함.

기원전 517년 (노소공 25년)	공자 35세	• 귀국. • 노나라에서 '팔일무어정(계씨가 자신의 뜰에서 천자(황제)의 춤인 팔일무 공연을 엶)' 사건 발발. • 내란이 발생하여 소공과 함께 제나라로 망명함. 태산을 넘으며 '가혹한 정치는 호랑이보다 사납다(苛政猛于虎)'는 말을 남김. • 춘추 시대 제나라의 국군 제경공이 공자에게 정치 자문을 구함.
기원전 515년 (노소공 27년)	공자 37세	• 노나라로 돌아온 뒤 51세 관직에 앉기 전까지 사학 운영과 제자양성에 힘씀. • 기록에 따르면 그에게 가르침을 받은 제자가 약 3천 명이었으며 그중에서도 뛰어난 현자는 72명(혹은 77명)이었다고 함.
기원전 512년 (노소공 30년)	공자 40세	어떠한 유혹에도 흔들림 없는(四十而不惑) 불혹의 경지에 이르름.
기원전 505년 (노정공 5년)	공자 47세	• 양화가(계씨가 문을 장악하고 노나라의 권력을 쥐게 됨. • 우연히 길을 가다가 양화를 만난 공자는 벼슬자리를 요청받았으나 완곡하게 거절함.
기원전 502년 (노정공 8년)	공자 50세	• 하늘의 뜻을 깨닫게 되었다는(五十而知天命)' 지천명의 경지에 이르름. • 반란으로 양화가 물러나 제나라와 진나라로 도망감.
기원전 501년 (노정공 9년)	공자 51세	• 벼슬자리에 오름. • 노나라의 중도를 다스리는 중도재(中都宰) 자리를 맡은 후 정치 실력을 인정받음.
기원전 500년 (노정공 10년)	공자 52세	• 노나라 중도재에서 국토를 장관하는 소사공(小司空)으로, 또다시 법을 장관하는 대사구(大司寇)에 임명됨. • 노나라 정공과 제나라 경공이 화평을 위해 협곡에서 회합을 하였는데 이때 공자가 예를 돌보는 관리로 정공을 수행함.
기원전 498년 (노정공 12년)	공자 54세	세습귀족의 세력을 약화하고 공실의 기강을 잡는 '타삼도'정책을 주장하였으나 삼환가문에 눈엣가시가 되어 중도 포기함.
기원전 497년 (노정공 13년)	공자 55세	• 제나라에서 미녀로 이뤄진 가무단을 노나라에 선물함. • 공자가 관직에서 물러나 위나라를 시작으로 14년에 이르는 기나긴 망명길(周遊列國)에 오름. • 차례대로 위나라, 조나라, 송나라, 정나라, 진나라, 채나라, 초나라 7국을 여행함.

기원전 496년 (노정공 14년)	공자 56세	위령공의 부인 남자(南子)를 접견함.
기원전 492년 (노애공 3년)	공자 60세	• 귀가 순해져 사사로운 감정에 얽매이지 않고 모든 말을 객관적으로 듣고 이해하는(六十而耳順) 이순의 경지에 이르름. • 위(衛)나라를 떠나 조(曹)나라를 거쳐 다시 진나라에 가려고 송나라를 지나다 송나라의 대장군 사마환퇴에게 죽임을 당할 뻔함. • 계손씨가 공자의 제자 자유를 불러들여 노나라로 돌아갈 것을 요청함.
기원전 489년 (노애공 6년)	공자 63세	제자들과 함께 채나라로 가던 도중 양식이 떨어져 일주일을 굶음.
기원전 484년 (노애공 11년)	공자 68세	• 노나라 계강자의 부름을 받아 주유열국을 마치고 노나라로 돌아감. • 그 전에 아내 원관 씨가 세상을 떠남. • 이후 교육계에 몸담고 고대 무헌을 정리하고 연구하는 데 힘씀.
기원전 482년 (노애공 13년)	공자 70세	• 마음속으로 하고 싶은 대로 해도 법도에서 벗어나지 않는(七十而從心所欲不踰矩) 경지에 이르름. • 아들 공리가 세상을 떠남.
기원전 481년 (노애공 14년)	공자 71세	• 제자 안회가 세상을 떠남. • 숙손씨가 정권에 오르며 태평성대의 조짐이 보이자 자신이 짓던 《춘추(春秋)》에 '서수획린(西狩獲麟)'이라 쓰고 책을 끝맺음.
기원전 480년 (노애공 15년)	공자 72세	제자 자로가 전쟁터에서 목숨을 잃음.
기원전 479년 (노애공 16년)	공자 73세	• 세상을 떠남. • 제자들이 공자를 위해 3년상을 치르고 자공이 그의 무덤을 6년 동안 지킴.

출처: 부록1, 2는 포봉산 선생의 『공자전』에서 인용

뜻있는 선비와 덕이 있는 사람은 덕을 해하며 살려 하지 않을 것이다.
오히려 삶을 희생하여 덕을 지켜낼 것이다.

공자

스스로 존경하면 다른 사람도
그대를 존경할 것이다.
공자

이미 끝난 일을 말하며 무엇하며,
이미 지나간 일을 비난하여 무엇하리.

공자

덕을 닦지 않는 것, 학문을 닦지 않는 것,
의로움을 듣고도 옮기기 않는 것,
선하지 않은 걸 고치지 못하는 것이 바로 나의 걱정거리이다.

공자